Lehrbuch 1

Español Actual

Spanisch für Anfänger

von Dr. Esther Peleteiro Rueda
Gestaltung und Illustration Otto Benz

3. durchgesehene Auflage

Die Deutsche Bibliothek – CIP-Einheitsaufnahme

Español actual / von Esther Peleteiro Rueda. – Hamburg :
Feldhaus
NE: Peleteiro Rueda, Esther

1. Spanisch für Anfänger.
   Lehrbuch. – 3., durchges. Aufl. – 1994
   ISBN 3-88264-168-1

ISBN 3 88264 **168** 1

Umschlag, Gestaltung und Illustration: Otto Benz
Satz: FELDHAUS VERLAG, Hamburg
Druck und Verarbeitung: WERTDRUCK, Hamburg
Gedruckt auf chlorfrei gebleichtem Papier

Prólogo

Cuando nace algo, se tienen esperanzas y deseos de que el nuevo ser crezca y se desarrolle. Cuando se crea algo, se tienen deseos y esperanzas de que sea útil a aquellos para los que va destinada la obra.

Yo he tenido la suerte de vivir el nacimiento, la creación, el hacerse de esta obra que sale de las manos de Esther Peleteiro.

He conocido su esfuerzo, su autocrítica, sus inquietudes, sus dudas y, a veces, su desesperación, pero también su tenacidad y fuerza de voluntad. Todo ello al fin se ha visto premiado con una obra, a mi opinión, digna de valor y útil para aprender el español actual.

Sin duda es difícil juzgar cuál es la mejor obra (todo es subjetivo y depende de las personas, docentes y alumnos, sus circunstancias, su preparación y predisposición), pero "Español Actual" puede adaptarse perfectamente a quien de verdad esté dispuesto a trabajar y aprender en serio y con humor. La obra presenta en la estructura de cada lección base suficiente para motivar conversación, entender y practicar con facilidad la gramática, hacer los ejercicios con agrado y, desde el principio, tratar expresiones, modismos, dichos y refranes, para así acostumbrarse al lenguaje coloquial.

No hago estas manifestaciones por decir algo tras ojear el contenido, sino por haber trabajado semanalmente durante más de un año con los manuscritos de la misma (me dedico a la enseñanza del español desde hace 25 años), con alumnos de todos los niveles y formación. La experiencia fue muy positiva, tanto por mi parte como docente como por parte de los alumnos, quienes con frecuencia me han expresado elogio, agrado y contento con la obra.

Es mi punto de vista, que extiendo a quienes se inicien en el trabajo con "Español Actual".

A quienes utilicen este método les deseo gran éxito.

F. Javier de la Torre y Montes de Neira
Canciller del Consulado General de España
en Stuttgart

Einführung

„Español Actual" ist ein modernes Spanisch-Lehrwerk für die Erwachsenenbildung, das an Volkshochschulen, Sprach- und Dolmetscherschulen sowie an Gymnasien und Universitäten eingesetzt werden kann. Es besteht aus zwei Bänden, zu denen jeweils Übungsbücher gehören.

Wichtigstes Lernziel ist die Kommunikationsfähigkeit. Die Texte zeigen den spanischen Alltag und befassen sich mit allgemeinen und aktuellen Themen. Viele Lektionen sind der Landeskunde und der Geschichte Spaniens und Hispanoamerikas gewidmet. Besondere Aufmerksamkeit wurde auf Wörter mit mehreren Bedeutungen gelegt. Idiomatische Ausdrücke, Sprichwörter, Anekdoten und Witze beleben und bereichern die Lektionen.

Die Übungsbücher enthalten für jede Lektion ein Vokabelverzeichnis sowie Übungen, Übersetzungsaufgaben und Wiederholungen, die der Festigung und Überprüfung des Stoffes dienen sollen. Im „Übungsbuch 1 plus" stehen vielseitige Konversationsaufgaben, Hörverständnisübungen und Diktate im Vordergrund.

Die zahlreichen Zeichnungen, Cartoons und Bildergeschichten sind ein methodisch wesentlicher Bestandteil des Werkes, der in enger Verbindung zu den Texten und der Grammatik steht. Die Illustrationen lockern die Bücher nicht nur auf, sondern erleichtern das Verstehen und fördern die Kommunikation. Sie eignen sich für die Einführung neuer Vokabeln oder Strukturen und in besonderer Weise für die Transfer-Phase und für Nacherzählungen. Zu diesem Zweck erscheinen sie auch in Form von Projektionsfolien. Zu den Lehrbüchern und zum „Übungsbuch 1 plus" sind außerdem Audiokassetten erschienen, die alle Texte und Dialoge sowie Hörverständnisübungen enthalten.

„Español Actual" erfüllt die Anforderungen der Zertifikatsrichtlinien des Deutschen Volkshochschulverbandes. Die Manuskripte zu „Español Actual" sind vor der Drucklegung in Spanisch-Kursen verschiedener Art (Volkshochschule Stuttgart, Mörike-Gymnasium Stuttgart, Universität Hohenheim, Süddeutsche Rundfunk-Fortbildung) erprobt worden.

Die 3. Auflage wurde durchgesehen und berichtigt. Wir danken den aufmerksamen Lesern, die durch ihre Hinweise zur Verbesserung des Werkes beigetragen haben.

Verfasserin und Verlag

Danksagung

Für die vielen konstruktiven Anregungen möchte ich mich herzlichst bei Herrn Javier de la Torre y Montes de Neira, Frau Dolores Hernando Jiménez und Frau Roswitta Binder bedanken.

Mein besonderer Dank gilt Herrn Juan Marcos Peleteiro Moreno für die linguistische Beratung und seine zahlreichen Anregungen.

Besonders viel Freude hat mir die Zusammenarbeit mit Herrn Otto Benz bereitet. In jeder der Illustrationen spiegelt sich sein Ideenreichtum und seine Liebe zum Detail wider.

Die Verfasserin

Inhalt   Indice de materias

Geschichtlicher Überblick zur Entwicklung der spanischen Sprache

30.000 bis 8.000 Jahre v. Chr.

An die Menschen, die in diesem Zeitraum in Spanien gelebt haben, erinnern viele Höhlenmalereien, wie bei Burgos (ca. 30.000 Jahre v. Chr.), in Altamira bei Santander (ca. 15.000 Jahre v. Chr.) und bei Guadalajara.

8.000 bis 1.000 v. Chr.

Die Iberer wandern, wahrscheinlich während des Neolithikums, aus Afrika ein. Gegen 900 – 600 v. Chr. kommen aus Mitteleuropa keltische Stämme. Durch die Vermischung von Iberern und Kelten entsteht ein neues Volk, die Keltiberer.
Später folgen Phönizier, Griechen und Karthager.

218 v. Chr. bis 409 n. Chr.

Die iberische Halbinsel gehört zum Römischen Reich. Römische Soldaten und Ansiedler sprechen Vulgärlatein, aus dem sich im Laufe der folgenden Jahrhunderte alle Sprachen auf der iberischen Halbinsel (außer „vasco") entwickeln.

409 bis 711 n. Chr.

Germanische Stämme fallen in Spanien ein. Die Westgoten bilden ein einheitliches Reich, das sich über die gesamte iberische Halbinsel erstreckt; Hauptstadt wird Toledo. Damit liegt das politische Zentrum zum ersten Mal in Zentralspanien.

711 bis 1.500 n. Chr.

Die Araber („Mauren") vernichten das Reich der Westgoten und machen Córdoba zur Hauptstadt.
Während der etwa 700 Jahre dauernden „Reconquista" (Befreiungskampf von der Maurenherrschaft) entsteht eine Reihe selbständiger christlicher Königreiche. Die Sprache wird von den Arabern deutlich beeinflußt und bereichert. 1469 heiraten Isabella von Kastilien und Ferdinand von Aragón. Dadurch wird das Königreich Spanien wieder vereinigt. Im Jahre 1492 wird Granada erobert und die maurische Herrschaft in Spanien beendet. In dieser Zeit werden alle Juden aus Spanien vertrieben; mit der Entdeckung Amerikas durch Christoph Columbus beginnt die Ausbreitung der spanischen Sprache auf dem amerikanischen Kontinent.

Im Jahre 1561

Madrid wird Hauptstadt des spanischen Königreiches und ist es, bis auf eine kurze Unterbrechung von sechs Jahren, bis heute geblieben. Allmählich entwickelt sich die Mundart Kastiliens, „castellano" genannt, zur Schriftsprache und später zur offiziellen Landessprache Spaniens.

Die spanische Sprache heute

Die spanische Sprache, heute sowohl „español" als auch „castellano"
genannt, wird weltweit von über 300 Millionen Menschen gesprochen:
Außer in Spanien (hierzu zählen auch die balearischen und kanarischen Inseln),
in Mittel-und Südamerika (ohne Brasilien) und teilweise auf den
Philippinen.
Neben der offiziellen Sprache „castellano" werden in Spanien noch drei weitere
Sprachen gesprochen: „gallego" in Galicien, „catalán" in Katalonien, Valencia
und auf den Balearen, „vasco" im Baskenland. „Castellano, gallego und catalán"
haben sich aus dem Vulgärlatein entwickelt, während „vasco", das vermutlich
in der Neusteinzeit entstanden ist, eine der wenigen noch lebendigen, nicht
indogermanischen Sprachen Europas ist.

Español Actual – Lehrbuch 1 © FELDHAUS VERLAG, Hamburg

Das spanische Alphabet   **El alfabeto español**

Buch-stabe		Spanischer Name		Buch-stabe		Spanischer Name		Buch-stabe		Spanischer Name	
A	a	a	a	J	j	jota	'xota	R	r	erre	'ere
B	b	be	be	K	k	ka	ka	S	s	ese	'ese
C	c	ce	θe	L	l	ele	'ele	T	t	te	te
Ch	ch	che	tʃe	Ll	ll	elle	'eʎe	U	u	u	u
D	d	de	de	M	m	eme	'eme	V	v	uve	'ube
E	e	e	e	N	n	ene	'ene	W	w	uve doble	'ube 'doble
F	f	efe	'efe	Ñ	ñ	eñe	'eɲe	X	x	equis	'ekis
G	g	ge	xe	O	o	o	o	Y	y	i griega	i 'gri̯ega
H	h	hache	'atʃe	P	p	pe	pe	Z	z	zeta, zeda	'θeta, 'θeđa
I	i	i (latina)	i	Q	q	cu	ku				

Das spanische Alphabet umfaßt 29 Buchstaben. Eigene Buchstaben, die das deutsche Alphabet nicht kennt, sind: **ch**, **ll**, **ñ**.

k und **w** kommen nur in Fremdwörtern, Eigennamen, Namen von Ländern, Städten usw. vor.

Die Vokale   **Las vocales**

Die fünf spanischen Vokale **a**, **e**, **i**, **o**, **u** werden halblang und offen gesprochen.
Die schwächen Vokale **i** und **u** bilden miteinander und mit den starken
Vokalen **a**, **e** und **o** Diphthonge, dadurch entsteht aber kein neuer Laut.
Alle spanischen Vokale, egal in welcher Reihenfolge sie erscheinen,
behalten ihren vollen Lautwert.

Nur in folgenden 4 Fällen wird der Vokal **u** im Spanischen nicht ausgesprochen:

que	(Cadaqués, Enrique)	**gue**	(Guernica, Miguel)
qui	(Quito, Quijote)	**gui**	(Guinea, guitarra)

Das spanische Alphabet   **El alfabeto español**

Die Konsonanten   **Las consonantes**

b / v   Zwischen **b** und **v** gibt es in der Aussprache keinen wesentlichen Unterschied.
Am Anfang oder nach **m** und **n** werden **b / v** wie **b** in „Baum" ausgesprochen

Barcelona	Valencia	Venezuela	Brasil

Zwischen Vokalen sowie vor und nach Konsonanten (außer **m** und **n**) werden
b / v viel weicher, zwischen den Lippen, ausgesprochen

Cuba	Cervantes	Huelva	Pontevedra

c / qu   Aussprache wie der deutsche Buchstabe **k**

ca	**que**	**qui**	**co**	**cu**
Caracas	Cadaqués	Quito	Colombia	Cuba

(bei **que** und **qui** ist das **u** stumm)

c / z   stimmloser Lispellaut, etwa wie das englische **th** in „thing"

za	**ce**	**ci**	**zo**	**zu**	**-z**
Zaragoza	Barcelona	Valencia	Amazonas	Venezuela	La Paz

ch   Aussprache wie „cha-cha-chá"

Che Guevara	Chile	China	Ochoa

f   Aussprache wie der deutsche Buchstabe **f** in Feld (**ph** kommt im Spanischen nicht vor)

Francia	Filipinas	Formentera	Fuerteventura

Español Actual – Lehrbuch 1 © FELDHAUS VERLAG, Hamburg

Das spanische Alphabet   **El alfabeto español**

g   Aussprache wie im deutschen Wort „Portugal"

ga	**gue**	**gui**	**go**	**gu**
Portugal	Guernica	Guinea	Santiago	Nicaragua

(**u** ist stumm bei **gue** und **gui**; ausgesprochen wird es bei **güe** und **güi**)

g/j   wie deutsches **ch** in „Kachel", „Dach", „Buche"

ge	**gi**			
Argentina	Gibraltar			

ja	**je**	**jo**	**ji**	**ju**
Jaén	Jerez	Gijón	Jijona	Juan

h   wird nie ausgesprochen

La Habana	Honduras	Holanda	Hamburgo	alcohol

k   kommt nur in Fremdwörtern vor: **kilo, folklore**

ll   ungefähr wie ein **j** im deutschen Wort **ja** ausgesprochen

Mallorca	Sevilla	Marbella	Castellón

ñ   Aussprache wie in „Champagner" oder „Champignon": **España**

r   in der Mitte des Wortes wie bei „Buenos Aires" oder „Perú",
           am Anfang und nach **l**, **n** oder **s** stark gerolltes „Zungenspitzen-r"

Río	Enrique	Roma	Israel

rr   kommt nur in der Mitte des Wortes vor und wird wie ein **r** am Anfang
           ausgesprochen: **Navarra**

Das spanische Alphabet **El alfabeto español**

w   kommt nur in Fremdwörtern vor: **Washington**

x   vor Vokalen wird **x** wie im deutschen Wort „Taxi" ausgesprochen

examen   taxi

vor Konsonanten wird **x** wie **s** ausgesprochen

excursión (Ausflug), extranjero (Ausländer)

y   allein (y = und) oder am Ende eines Wortes wird es wie ein deutsches **i** ausgesprochen

Uruguay   Paraguay

vor einem Vokal wird es wie ein **j** im deutschen Wort **ja** ausgesprochen

Yugoslavia   Yucatán   Guayana

Bitte beachten:

Im Spanischen kommen sehr selten zwei gleiche Buchstaben
Hintereinander vor; Ausnahmen:

ll	Mallorca	– eigener Buchstabe
cc	acción (Aktion)	– zwei Silben
ee	leer (lesen)	– zwei Silben
nn	innovación (Neuheit)	– Vorsilbe
rr	Navarra	– einzige wirkliche Verdoppelung

Español Actual – Lehrbuch 1 © FELDHAUS VERLAG, Hamburg

Betonungsregeln   **Reglas de acentuación**

1. Endung auf **Vokal, n** oder **s**: vorletzte Silbe wird betont.

   Barcelona, Caracas, Alemania, España

2. Endung auf **Konsonant** (außer **n** oder **s**): letzte Silbe wird betont.

   Gibraltar, Madrid, Badajoz, Jerez

3. Ausnahmen von diesen beiden Regeln (somit auch alle auf der drittletzten Silbe betonten Wörter) oder die Trennung eines Doppellautes werden durch einen Akzent gekennzeichnet.

   Aragón, Cadaqués, Perú, Bogotá, Málaga, Cádiz, Andalucía

4. Eine Anzahl einsilbiger Wörter wird mit Akzent geschrieben, um sie von gleichlautenden Wörtern mit anderer Bedeutung zu unterscheiden:

tú	du	tu	dein	él	er	el	der
sí	ja	si	wenn/ob	más	mehr	mas	aber
sé	ich weiß	se	sich, man	sólo	nur	solo	allein
dé	geben Sie	de	von	mí	mir/mich	mi	mein

5. Fragewörter werden mit Akzent geschrieben:

   qué – was   quién – wer   dónde – wo   cuánto – wieviel   cuándo – wann

Groß- und Kleinschreibung   **Mayúsculas y minúsculas**

Im Allgemeinen werden im Spanischen alle Substantive mit kleinen Anfangsbuchstaben geschrieben. Groß werden geschrieben:

1. Das erste Wort im Satz.
2. Namen von Personen, Ländern, Städten, Regionen usw.
3. Bezeichnungen von Institutionen.
4. Studienfächer.
5. Abkürzungen von señor (Sr.), señora (Sra.), señorita (Srta.), usted (Ud. bzw. Vd.).
6. Adelstitel (Conde = Herzog, Marquesa = Gräfin).
7. Gehobene Stelle (Ministro, Alcalde = Bürgermeister).
8. Don, Doña (lat. dóminus bzw. dómina) sind Anreden, die nur vor dem Vornamen gebraucht werden.

Bitte beachten:

Nationalitäten, Volksbezeichnungen und Sprachen schreibt man klein.

En un restaurante

la mesa   la silla   la botella   la copa

Fast alle Wörter auf **-a** sind weiblich.

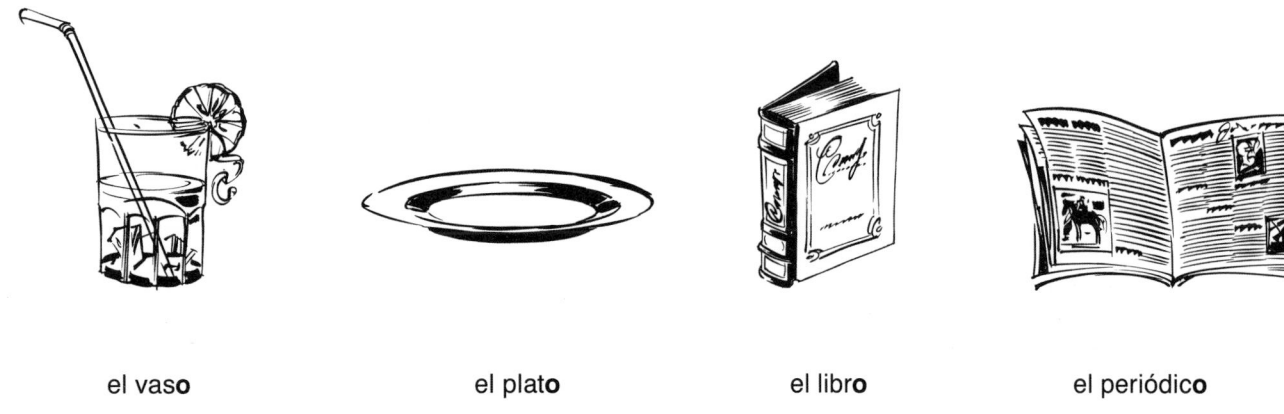

el vaso   el plato   el libro   el periódico

Fast alle Wörter auf **-o** sind männlich.

¿Qué es esto?

Esto es un tren.

Esto es un autobús.

Esto es un avión.

Esto es un coche.

Esto es una bicicleta.

Esto es una revista.

Español Actual – Lehrbuch 1 © FELDHAUS VERLAG, Hamburg

¿Qué hay en …?

¿Qué hay en la calle?
Hay muchos coches y autobuses.

¿Qué hay en la estación?
Hay trenes.

¿Qué hay en el quiosco?
Hay periódicos y revistas.

A: ¿Cuántos vasos hay en la mesa?
B: En la mesa hay dos vasos.

A: ¿Cuántas botellas hay?
B: Hay una botella.

A: ¿Es una botella de vino tinto?
B: No, no es vino tinto, es Jerez.

A: ¿Hay algo más?
B: Sí, hay también tres copas.

A: ¿Qué hay en la mesa?
B: 1. **Nada.**
   2. **No** hay **nada.**

A: ¿Qué hay en la mesa?   B: 1. **Nada más.**
B: Un libro.   2. **No** hay **nada más.**
A: ¿Hay algo más?

En un restaurante

El restaurante "Andalucía" es un restaurante español en Alemania. Hay ocho mesas y muchas sillas.

Hay muchos españoles allí. También hay alemanes.

Pepe, el camarero, es español.

En una mesa hay cinco personas. En la mesa hay dos botellas, tres copas, una taza y un vaso.

Señor 1: ¡Camarero, por favor! Una botella más de vino de Rioja.

Camarero: ¿Blanco o tinto?

Señor 1: Tinto, por favor.

Camarero: ¿Algo más?

Señor 1: Nada más, gracias.

Señor 2: Una paella para cuatro personas, por favor.

Camarero: ¿Y para beber?

Señor 2: Dos cervezas, un vaso de vino blanco y una naranjada.

Señor 3: Camarero, por favor, otra cerveza.

Señor 1: ¡Camarero, por favor! ¿Cuánto es?

Señor 2: La cuenta, por favor.

Gramática

Die Grundzahlen von 1 bis 10   **Los números cardinales**

0	1	2	3	4	5	6	7	8	9	10
cero	uno, -a	dos	tres	cuatro	cinco	seis	siete	ocho	nueve	diez

Vor männlichen Substantiven verwandelt sich **uno** in **un**.

Der Artikel   **El artículo**

Bestimmt:

	maskulin	feminin	neutrum
Singular	el	la	lo
Plural	los	las	-

Unbestimmt:

	maskulin	feminin	neutrum
Singular	un	una	-
Plural	unos	unas	-

1. Es gibt nur männliche und weibliche Substantive.

   Das Geschlecht der Substantive läßt sich im allgemeinen an der Endung erkennen.

   Männlich sind fast alle Substantive auf **-o**: el libro (das Buch), el vaso (das Glas), el plato (der Teller).

   Ausnahmen:

la mano	die Hand
la radio	das Radio

   Weiblich sind fast alle Substantive auf **-a**: la mesa (der Tisch), la silla (der Stuhl), la botella (die Flasche).

   Ausnahmen:

el día	der Tag	el idioma	die Sprache
el problema	das Problem	el clima	das Klima
el turista	der Tourist		

Español Actual – Lehrbuch 1 © FELDHAUS VERLAG, Hamburg

2. Der Artikel **lo** wird nie vor Substantiven, sondern nur vor substantivisch gebrauchten Adjektiven, Adverbien, Fürwörtern und Zahlwörtern gebraucht.

| lo hermoso | das Schöne | a lo lejos | in der Ferne |
| lo primero | das Erste | lo mío | das Meinige |

3. **Unos / unas** hat die Bedeutung von: **einige** oder **ein paar**. Vor Zahlwörtern hat es die Bedeutung von **ungefähr**.

| unos libros | einige Bücher |
| unos tres libros | ungefähr 3 Bücher |

Die Mehrzahlbildung   **La formación del plural**

1. Die Substantive, die auf **Vokal** enden, bilden die Mehrzahl durch Anhängen von **-s**: la mesa, las mesa**s**.

2. Substantive, die auf **Konsonanten** enden, bilden die Mehrzahl durch Anhängen von **-es**: el autobús, los autobus**es**.

3. Mehrsilbige Substantive, die auf **-s** enden und deren letzte Silbe nicht betont ist, bleiben im Plural **unverändert**: el lunes, los lunes (der Montag, montags).

4. Bei Wörtern, die in der Einzahl auf **-z** enden, wird das **z** in **c** verwandelt bevor **-es** angehängt wird: una vez, dos veces (einmal, zweimal)

el un	libro	los unos	libro**s**
la una	botella	las unas	botella**s**
el un	autobús	los unos	autobus**es**

1

Gramática

Die Verneinung   La negación

No steht immer **vor** dem Verb und bedeutet sowohl **nein** als auch **nicht**.

¿Es Juan el camarero?	Ist Juan der Kellner?
No, Juan no es el camarero.	Nein, Juan ist nicht der Kellner.

Kein wird meistens mit **no** übersetzt.

No hay libros en la mesa.	Es gibt keine Bücher auf dem Tisch.

Die **Doppelte Verneinung** ist eine Besonderheit der spanischen Sprache.

No hay nada.	Es gibt nichts.

Hay   es gibt, da ist, da sind

hay ist eine unpersönlich gebrauchte Form (Präsens) von **haber**. **Hay** wird nicht konjugiert. Es drückt den Begriff des Vorhandenseins aus und wird mit „es gibt", „da ist", „da sind" übersetzt.

En la mesa hay dos libros.	Auf dem Tisch sind zwei Bücher.
En la biblioteca hay libros.	In der Bibliothek gibt es Bücher.

Wieviel(-e)   cuánto(-s), cuánta(-s)

Cuánto richtet sich in Geschlecht und Zahl nach dem nachfolgenden Wort:

¿Cuántos libros?	Wieviele Bücher?
¿Cuántas mesas?	Wieviele Tische?

Frage- und Ausrufezeichen   Signos de interrogación y de admiración

Die Fragezeichen ¿....? und Ausrufezeichen ¡....! müssen im Spanischen **vor** und **nach** dem Satz gesetzt werden.

Español Actual – Lehrbuch 1 © FELDHAUS VERLAG, Hamburg

¿Quién es?
Es Juan. Es estudiante.
¿Dónde vive?
Vive en Madrid.
¿Qué estudia?
Estudia Económicas.

¿Quién es?
Es Teresa, la hermana de Juan.
¿Dónde trabaja?
Trabaja en una oficina.
Teresa es secretaria.

¿Quién es?
Es el padre de Juan.
¿Dónde trabaja?
Trabaja en un taller mecánico.
Es mecánico.

¿Quién es?
Es la madre de Juan.
¿Dónde trabaja?
Trabaja en una escuela.
Es maestra.

Diálogo 1

A: ¿Dónde vives?
B: Vivo en Madrid.
A: ¿Trabajas?
B: No, estudio.
A: ¿Dónde estudias?
B: Estudio en la Universidad de Madrid.
A: ¿Qué estudias?
B: Estudio Ciencias Económicas e idiomas.
A: ¿Cuántos idiomas hablas?
B: Hablo tres idiomas: francés, inglés y un poco de alemán.
A: ¿Dónde comes normalmente?
B: Normalmente como en la Universidad.

Diálogo 2

A: ¿Dónde vive usted?
B: Vivo en Sevilla.
A: ¿Es Ud. estudiante?
B: No, trabajo en una oficina.
A: ¿Cuántas horas trabaja Ud. al día?
B: Trabajo ocho horas al día, cinco por la mañana y tres por la tarde.
A: ¿Cuántos idiomas habla Ud.?
B: Hablo dos idiomas: italiano y alemán.
A: ¿Dónde come Ud. normalmente?
B: Normalmente como en casa.

Diálogo 3

A. ¿Trabajáis aquí?
B: No, no trabajamos. Estudiamos el idioma español.
A: ¿Dónde vivís?
B: Vivimos en casa de unos amigos.
A: ¿Dónde coméis hoy?
B: Hoy comemos en un restaurante.

Juan vive en Madrid. Juan estudia Económicas en la Universidad de Madrid. También estudia alemán en una escuela de idiomas. Ya habla un poco de alemán.

Teresa, la hermana de Juan, es secretaria. Trabaja en una oficina. Habla tres idiomas: alemán, inglés y francés.

El padre trabaja en un taller mecánico. La madre trabaja en una escuela. Es maestra. También es ama de casa.

Juan come normalmente en la Universidad. Los padres y Teresa comen en casa.

Los españoles normalmente no trabajan de una a cuatro.

Español Actual – Lehrbuch 1 © FELDHAUS VERLAG, Hamburg

La familia

el padre   la madre   la hija   el hijo   la abuela   el abuelo   el gato

Die Grundzahlen von 11 – 20   **Los números cardinales del 11 al 20**

11 once   13 trece   15 quince   17 diez y siete / diecisiete   19 diez y nueve / diecinueve

12 doce   14 catorce   16 diez y seis / dieciséis   18 diez y ocho / dieciocho   20 veinte

Präsens der regelmäßigen Verben   **El Presente de los verbos regulares**

Die spanischen Verben enden in der Grundform immer auf

-ar, -er, -ir

Alle regelmäßigen Verben aus jeweils einer dieser drei Konjugationsgruppen
haben immer die gleichen Endungen, die am Wortstamm angehängt werden.

Konjugation:	I	II	III
Verben auf:	**-ar**	**-er**	**-ir**
	habla̦r sprechen	**come̦r** essen	**vivi̦r** wohnen, leben
Sg. yo	ha̦blo	co̦mo	vi̦vo
tú	ha̦blas	co̦mes	vi̦ves
él, ella, usted	ha̦bla	co̦me	vi̦ve
Pl. nosotros, -as	habla̦mos	come̦mos	vivi̦mos
vosotros, -as	habláis	coméis	vivís
ellos, ellas, ustedes	ha̦blan	co̦men	vi̦ven

1. Beim **Verb** steht meistens **kein** Personalpronomen. Bei der **ersten** und bei der **zweiten Person** werden die Personalpronomen nur zur **Betonung** verwendet.

Hablo español.	Ich spreche Spanisch.
Yo también hablo español.	Ich spreche auch Spanisch.

2. Die **Höflichkeitsform** „Sie" hat im Spanischen 2 Formen:

usted mit dem Verb in der **dritten Person Singular** (für 1 Person)
ustedes mit dem Verb in der **dritten Person Plural** (ab 2 Personen)

Die Höflichkeitsform wird zusammen mit dem Verb häufig verwendet.

¿Habla usted español?	Sprechen Sie Spanisch?

Usted ist von **vuestra merced** (Euer Gnaden) entstanden, aus diesem Grund steht das Verb heute immer noch in der dritten Person Singular.

Früher:	Vuestra merced habla muy bien francés.	Euer Gnaden spricht sehr gut Französisch.
Heute:	Usted habla muy bien francés.	Sie sprechen sehr gut Französisch.

Usted wird abgekürzt mit **Ud.** oder **Vd.** – **Ustedes** mit **Uds.** oder **Vds.**

3. Die **Fragestellung** ist wie im Deutschen.

¿Habla Ud. español?	Sprechen Sie Spanisch?
¿Hablas (tú) español?	Sprichst du Spanisch?

Nicht so häufig, aber auch möglich, ist es, das Personalpronomen an den Anfang zu stellen.

¿Ud. habla español?	Sie sprechen Spanisch?

Bitte beachten:

Nach Fragewörtern kann man das **Subjekt** nur **nach dem Verb** stellen.

¿Dónde estudia Ud. español?	Wo lernen Sie Spanisch?
¿Cuántos idiomas habla Juan?	Wieviele Sprachen spricht Juan?

4. Die Verneinung steht immer **vor** dem Verb.

No hablo español.	Ich spreche nicht Spanisch.

Die Interrogativpronomen	**Los pronombres interrogativos**
¿Qué?	Was? (bezieht sich auf Personen und Sachen)
¿Quién? (plural: quiénes)	Wer? (nur für Personen)
¿Dónde?	Wo?
¿Cuánto, -a (-s)?	Wieviel(-e)?

Auf die Frage **¿Dónde?** wird nie die Präposition **a** verwendet, sondern **en**
(auch: "sobre", "encima", etc.)

¿Dónde vives?	Wo wohnst du?
Vivo en Stuttgart.	Ich wohne in Stuttgart.

Ausnahme bei der Artikelbestimmung	**Excepción en el uso del artículo por cacofonía**

Weibliche Substantive, die mit betontem **a** oder **ha** beginnen, nehmen
in der Einzahl aus phonetischen Gründen den Artikel **el** an. In der
Mehrzahl tritt wieder **las** ein.

un ama de casa (Hausfrau)	las amas de casa
un agua mineral (Mineralwasser)	las aguas minerales

Nationalitätsbezeichnungen   **Gentilicios**

m. Singular	f. Singular	f. Plural	m. Plural oder m. und f. Plural	
español	española	españolas	españoles	(spanisch, Spanier, ...)
alemán	alemana	alemanas	alemanes	(deutsch, Deutscher, ...)
suizo	suiza	suizas	suizos	(schweizerisch, Schweizer, ...)
austriaco	austriaca	austriacas	austriacos	(österreichisch, Österreicher ...)
francés	francesa	francesas	franceses	(französisch, Franzose, ...)
italiano	italiana	italianas	italianos	(italienisch, Italiener, ...)
inglés	inglesa	inglesas	ingleses	(englisch, Engländer, ...)
portugués	portuguesa	portuguesas	portugueses	(portugiesisch, Portugiese, ...)
árabe	árabe	árabes	árabes	(arabisch, Araber, ...)

Bitte beachten:

Wörter, die eine geographische Zugehörigkeit bezeichnen, werden im Spanischen als **Substantive** und **Adjektive** verwendet.

un español	ein Spanier
mi amigo español	mein spanischer Freund
el idioma español	die spanische Sprache
la lengua española	die spanische Sprache
hablo español	ich spreche Spanisch

Enden diese Wörter auf **-o** oder auf einen **Konsonanten**, dann enden die weibliche Formen auf **-a**; in allen anderen Fällen sind die männliche und die weibliche Form gleich.

En clase

En clase

Peter y Karl son amigos de Juan. Son alemanes. Ahora están
en Madrid. Estudian el idioma español.

Peter y Karl están ahora en clase. El profesor es de Burgos.
Burgos está en el norte de España. El profesor explica hoy los
verbos "ser" y "estar". Después pregunta a los alumnos:

profesor: ¿De dónde eres, Peter?
Peter: Soy alemán. Soy de Colonia.
profesor: ¿Dónde está Colonia?
Peter: Está en el oeste de Alemania. Es una ciudad grande.
profesor: Y tú, Karl, ¿de dónde eres?
Karl: Soy de un pueblo pequeño del sur de Alemania.
profesor: Y usted, señora, ¿de dónde es?
señora: Yo soy sueca. Soy de Estocolmo.

En el bar de la escuela

Peter está ahora en el bar de la escuela. Juan estudia alemán en la misma escuela.

Peter: ¡Hola, Juan! ¿Cómo estás?
Juan: Muy bien, gracias. ¿Y tú?
Peter: Muy mal. Ahora estudiamos el uso de los verbos "ser" y "estar" y es muy difícil.
Juan: El alemán tampoco es fácil.
¿Tomas algo más?
Peter: No, gracias. Estoy muy cansado.
Juan: ¿Dónde está Karl?
Peter: Ya está en casa. Está un poco enfermo.
¡Hasta mañana!
Juan: ¡Adiós!

Diálogo 1

A: ¿De dónde es Ud.?
B: Soy inglés, soy de Londres.
A: ¿Es Ud. estudiante?
B: No, soy profesor. Y usted, ¿es español?
A: No, soy argentino.

C: ¿De dónde es el Sr. Brown?
D: El Sr. Brown es americano. Es de Florida.
C: ¿Y la Sra. Dubois?
D: La Sra. Dubois es francesa.
C: Y vosotros, ¿de dónde sois?
D: Yo soy italiano.
E: Y yo alemán.

Bitte beachten:

Vor **señor**, **señora**, **señorita** steht der **bestimmte Artikel**, außer in der
direkten Anrede.

¿De dónde es **la** señorita García?   Woher kommt Frl. García?
¿De dónde es usted, señorita García?   Woher kommen Sie, Frl. García?

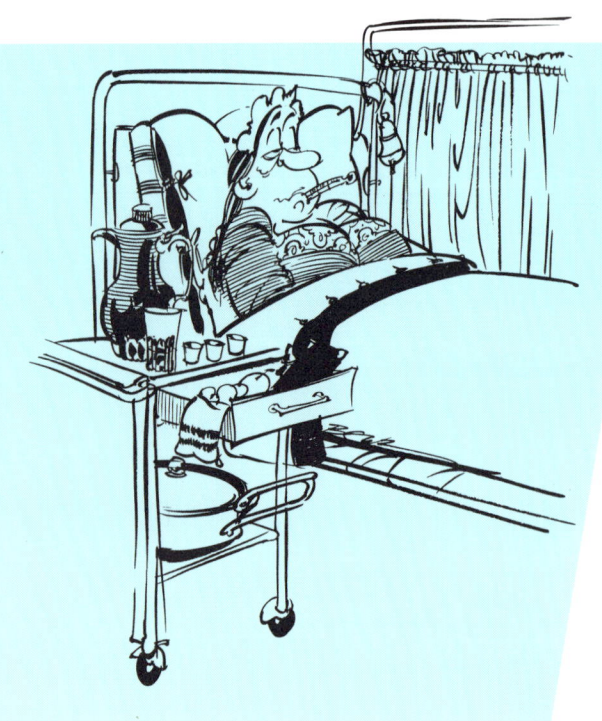

Diálogo 2

A: ¿Dónde está Antonia? ¿Está en casa?
B: Sí, está en la cama.
A: ¿No está bien?
B: No, está enferma.
A: Y vosotros, ¿cómo estáis?
B: Tampoco estamos muy bien.
    Estamos muy cansados.
A: ¿Y los niños?
B: Los niños están bien.

Bitte beachten:

Wenn **tampoco** nach dem Verb steht, muß **no**
vor dem Verb stehen.

Yo **tampoco** estoy bien.   Mir geht es auch nicht gut.
Yo **no** estoy bien **tampoco**.   (Nicht sehr gebräuchlich,
                                      aber möglich)

Español Actual – Lehrbuch 1 © FELDHAUS VERLAG, Hamburg

Begrüßungsformeln	**Fórmulas de cortesía**

1. ¿Cómo está usted?

   Muy bien, gracias, ¿y usted?
   Bien también, muchas gracias.

   Wie geht es Ihnen?
   (wörtlich: Wie befinden Sie sich?)
   Sehr gut, danke, und Ihnen?
   Auch gut, vielen Dank.

2. ¿Cómo estás?

   Bien, gracias, ¿y tú?
   Bien también, gracias.

   Wie geht es dir?
   (wörtlich: Wie befindest du dich?)
   Gut, danke, und dir?
   Auch gut, danke.

3. ¿Cómo te va?
   Bien, gracias, ¿y a ti?
   Bien, gracias.

   Wie geht es dir?
   (Diese Form wird vorwiegend
   in Lateinamerika verwendet).

4. ¡Hola! ¿Qué tal?
   Regular, ¿y tú?
   Bien, gracias.

   Hallo! Wie (geht's)?
   Es geht, und dir?
   Gut, danke.
   (Diese Form ist eine Abkürzung von
   ¿Qué tal estás? und wird nur unter
   guten Freunden verwendet).

3

Grüße   **Saludos**

Buenos días.	Guten Morgen / Guten Tag (von morgens bis ca. 14 Uhr). ⟨ Mittagessen
Buenas tardes.	Guten Tag / Guten Abend (mittags bis zur Dunkelheit).
Buenas noches.	Guten Abend / Gute Nacht (wenn es dunkel ist).
¡Hola!	Hallo!

Abschiedsgrußformeln   **Saludos de despedida**

¡Adiós!	Auf Wiedersehen!
¡Hasta luego!	Bis später!
¡Hasta mañana!	Bis morgen!

Gebrauch von **ser** und **estar** **Uso de los verbos ser** y **estar**

Für das deutsche Verb **sein** hat die spanische Sprache zwei Verben: **ser** und **estar**.

Präsens von ser

soy
eres
es
somos
sois
son

Präsens von estar

estoy
estás
está
estamos
estáis
están

Gebrauch von ser

1. **Ser** drückt eine Eigenschaft aus, wie **Geschlecht, Größe, Farbe, Qualität, Beruf, Religion** etc.; etwas, das normalerweise nicht geändert werden kann, das heißt: **wesentliche Aussagen** über Personen und Sachen und nicht über ihren (vorübergehenden) Zustand.

Es un hombre / una mujer.	Er ist ein Mann. / Sie ist eine Frau.
La mesa es grande.	Der Tisch ist groß.
El libro es amarillo.	Das Buch ist gelb.
Enrique es ingeniero.	Enrique ist Ingenieur.
Mis padres son católicos.	Meine Eltern sind Katholiken.
Teresa es simpática.	Teresa ist nett.

2. **Ser** wird gebraucht zur Bezeichnung der **Herkunft** und des **Besitzes.**

¿De dónde eres?	Woher kommst du?
Soy alemán (alemana).	Ich bin Deutsche(r).
Soy de Colonia.	Ich komme aus Köln.
¿De dónde es usted?	Woher kommen Sie?
Soy española.	Ich bin Spanierin.
Soy de Sevilla.	Ich komme aus Sevilla.
¿De quién es el libro?	Wem gehört das Buch?
Es de Juan.	Es gehört Juan.

3. **Definition, Identifizierung** einer Person oder Sache.

¿Quién es?	Wer ist es?
Es el profesor.	Es ist der Lehrer.
¿Qué es esto?	Was ist das?
Es un libro de español.	Es ist ein spanisches Buch.

4. **Unpersönliche Ausdrücke.**

Es fácil.	Es ist leicht.
Es difícil.	Es ist schwer.

5. **Zeitbestimmungen** werden durch **ser** übersetzt (Lektion 4).

¿De dónde es el Sr. Schmidt?
El Sr. Schmidt es alemán.
Es de Múnich.

¿De dónde es el profesor?
El profesor es español.
Es de Burgos.
El profesor es muy inteligente.

¿De dónde es Marcel?
Marcel es francés.
Es de París.

Gebrauch von estar

Estar wird gebraucht:

1. Für **Angaben des Ortes** (sowohl vorübergehende als auch permanente).

El libro está en la mesa.	Das Buch ist auf dem Tisch.
Córdoba está en España.	Córdoba liegt in Spanien.
Peter está en Madrid.	Peter ist in Madrid.

2. Mit **Adjektiven**, die eine **nicht wesentliche Eigenschaft** bezeichnen oder einen **vorübergehenden Zustand**, wie **Gemüts-, Gesundheitszustand** usw.; etwas, das normalerweise geändert werden kann.

Carmen está hoy muy guapa.	Heute sieht Carmen sehr gut aus.
¿Estás cansada?	Bist du müde?
Estoy enfermo.	Ich bin krank.
¿Cómo estás? Estoy bien.	Wie geht es dir?. Es geht mir gut.

Bitte beachten:

Die deutschen Verben **liegen** und **sich befinden** werden durch **estar** übersetzt.

Español Actual – Lehrbuch 1 © FELDHAUS VERLAG, Hamburg

Manche Adjektive haben verschiedene Bedeutungen, je nachdem, ob sie mit
ser oder **estar** gebraucht werden:

ser malo, -a	schlecht sein	estar malo, -a	krank sein
ser guapo, -a	hübsch sein	estar guapo, -a	gut aussehen
ser nuevo, -a	neu sein	estar nuevo, -a	gut erhalten sein
ser viejo, -a	alt sein	estar viejo, -a	schlecht erhalten sein
ser joven	jung sein	estar joven	jung aussehen
ser listo, -a	klug sein	estar listo, -a	bereit sein
ser moreno, -a	ein dunkler Typ sein	estar moreno, -a	braun sein

¿A qué hora...?

El padre de Juan se llama Miguel Sánchez. Normalmente se levanta a las ocho. Se ducha y después desayuna. Casi siempre desayuna café con leche y un panecillo con mantequilla y mermelada.

Juan casi nunca desayuna en casa. Desayuna en el bar de la Universidad.

Los españoles, generalmente, no desayunan mucho por la mañana temprano. A veces sólo toman café en casa y después, a eso de las once, toman un bocadillo.

En España se come muy tarde, entre las dos y las tres. La mayoría de los españoles comen en casa.

La cena española es normalmente entre las nueve y las diez de la noche.

Miguel Sánchez se levanta a las ocho.

Después se ducha.

A las ocho y media desayuna café con leche y un panecillo con mantequilla y mermelada.

Miguel Sánchez come a las dos.

Diálogo 1

A: ¿Cómo te llamas?
B: Me llamo Marcos.
A: ¿De dónde eres?
B: Soy español, soy de Toledo.
A: ¿Dónde vives?
B: Vivo en Barcelona.
A: ¿Trabajas?
B: No, soy estudiante.
A: ¿A qué hora te levantas normalmente?
B: Normalmente me levanto a las ocho.
A: ¿A qué hora desayunas?
B: Normalmente desayuno a las ocho y media.
A: ¿Dónde comes normalmente?
B: Como casi siempre en casa.
A: Los españoles comen muy tarde, ¿no?
B: Sí, comemos entre las dos y las tres.
A: ¿Y a qué hora cenan?
B: Cenamos entre las nueve y las diez.

Diálogo 2

A: ¿Cómo se llama Ud.?
B: Me llamo Roberto Sabatini.
A: ¿Es Ud. español?
B: No, soy italiano, pero vivo en España.
A: ¿Dónde trabaja?
B: Trabajo en el Consulado de Italia.
A: ¿A qué hora se levanta normalmente?
B: Normalmente me levanto a las ocho.
A: ¿A qué hora desayuna?
B: Normalmente desayuno a las ocho y media.
A: ¿A qué hora cena Ud.?
B: Ceno a las nueve y media de la noche.

Diálogo 3

A: ¿Cómo se llama la hermana de Juan?
B: Se llama Teresa.
A: ¿Cómo se llaman los amigos de Juan?
B: Se llaman Peter y Karl.
A: ¿De dónde son Peter y Karl?
B: Son alemanes.

Diálogo 4

A: ¿Cómo os llamáis vosotros?
B: Yo me llamo Marcos.
C: Y yo soy Isabel.
A: ¿Sois españoles?
B: Yo sí, pero Isabel es de Perú.

4

Gramática

Grundzahlen von 20 bis 100 — **Los números cardinales**

21 – veintiuno	26 – veintiséis	40 – cuarenta	80 – ochenta
22 – veintidós	30 – treinta	50 – cincuenta	90 – noventa
23 – veintitrés	31 – treinta y uno	60 – sesenta	100 – cien (ciento)
24 – veinticuatro	32 – treinta y dos	70 – setenta	

Die reflexiven Verben — **Los verbos reflexivos**

1. Ein spanisches Reflexiv-Verb entspricht nicht immer einem deutschen Reflexiv-Verb und umgekehrt.

llamarse	heißen	cambiar	sich verändern
levantarse	aufstehen	descansar	sich erholen

2. Die reflexiven Verben bestehen aus den jeweiligen Verbformen und den jeweiligen Reflexivpronomen.

llamarse heißen   **levantarse** aufstehen   **lavarse** sich waschen

(no) me	llamo	me	levanto	me	lavo
te	llamas	te	levantas	te	lavas
se	llama	se	levanta	se	lava
nos	llamamos	nos	levantamos	nos	lavamos
os	llamáis	os	levantáis	os	laváis
se	llaman	se	levantan	se	lavan

3. Die Reflexivpronomen

me	te	se	nos	os	se
mich	dich	sich	uns	euch	sich

geben an, daß eine Handlung sich auf die handelnde Person selbst bezieht.

Me lavo.   Ich wasche mich.   La madre lava al niño.   Die Mutter wäscht das Kind.

4. Die Reflexivpronomen sind an den **Infinitiv** und den bejahenden **Imperativ angehängt**.
   Bei **konjugierten Verbformen** stehen sie unmittelbar **vor** dem Verb. Die Verneinung steht davor.

5. Es gibt einige Verben, die ihre Bedeutung ändern, je nachdem ob sie reflexiv sind oder nicht.

llamar	(an)rufen	llamarse	heißen
quedar	übrig bleiben	quedarse	bleiben

Nie — **Nunca**

Wenn **nunca** nach dem Verb steht, muß **no** vor dem Verb stehen.

Nunca como en casa.   **No** como **nunca** en casa.   Ich esse nie zu Hause.

Die Uhrzeit **La hora**

¿Qué hora es?   Wieviel Uhr ist es?

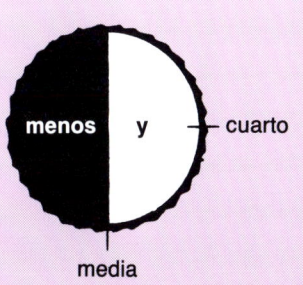

Es la una en punto.   Es la una y cinco.   Es la una y cuarto.

Es la una y veinte.   Es la una y media.   Son las dos menos veinticinco.

Son las dos y cuarto.   Son las cuatro y veinticinco.

Son las seis menos cuarto.

Bei der Zeitangabe werden in der Umgangssprache die Stunden durch die Grundzahlen von eins bis zwölf wiedergegeben. Der weibliche Artikel bezieht sich hierbei auf **la hora**: Es la una.
Bis zur halben Stunde werden die Minuten zur Stunde addiert: Es la una y diez (1.10).
Danach werden die Minuten von der folgenden Stunde abgezogen:
Son las dos menos veinte (1.40).
Die Viertelstunde drückt man mit **cuarto**, die halbe Stunde mit **media** aus:
Son las tres y cuarto (15.15).
Son las ocho y media (8.30).

Gramática

Bitte beachten:

Son las 8 de la mañana.	Es ist 8 Uhr morgens.
Son las 5 de la tarde.	Es ist 5 Uhr nachmittags.
Son las 9 de la noche.	Es ist 9 Uhr abends.
Son las 3 de la madrugada.	Es ist 3 Uhr nachts.

Mit der Präposition **de** drückt man eine **genaue** Zeitangabe, dagegen mit der Präposition **por** eine **ungenaue** Zeitangabe aus.

por la mañana	vormittags
por la tarde	nachmittags bzw. nachts (bis ca.20 h)
por la noche	abends bzw. nachts (ab ca.20 h)

Bei **offiziellen** Zeitangaben (Nachrichten, Fahrpläne usw.) benutzt man die Zahlen von 0 bis 23 für die Stunden und von 1 bis 59 für die Minuten.

20:45   Son las veinte (horas) (y) cuarenta y cinco (minutos).

Um wieviel Uhr?   ¿A qué hora?

Zur Angabe der Uhrzeit nach der Frage **Um wieviel Uhr?** bzw. **Wann?** steht die Präposition **a** (um).

¿A qué hora te levantas?	Um wieviel Uhr stehst du auf?
Me levanto a las ocho.	Ich stehe um 8 Uhr auf.
¿A qué hora comes normalmente?	Um wieviel Uhr ißt du normalerweise?
Como a la una.	Ich esse um Eins.

Von ... bis   De ... a / desde ... hasta

de cuatro a ocho	von vier bis acht
desde las tres y diez hasta las tres y veinte.	von 3.10 bis 3.20

Mit **desde ... hasta** kann man die Genauigkeit der Angabe besser betonen als mit **de ... a**.

Español Actual – Lehrbuch 1 © FELDHAUS VERLAG, Hamburg

Vocabulario y expresiones

a mediodía	um 12 Uhr mittags
a medianoche	um 12 Uhr nachts
hacia las diez	gegen 10 Uhr
a eso de las diez	gegen 10 Uhr
sobre las diez	gegen 10 Uhr
el segundo	die Sekunde
el minuto	die Minute
la hora	die Stunde
un cuarto de hora	eine Viertelstunde
media hora	eine halbe Stunde
dos horas y media	2 1/2 Stunden
en cinco minutos	in 5 Minuten
en un día	in einem Tag
otro día	an einem anderem Tag
el otro día	neulich
Ya es hora.	Es ist Zeit.
Es hora de ...	Es ist Zeit zum ...
Es tarde.	Es ist spät.
Es temprano.	Es ist früh.
Es de día.	Es ist Tag / hell.
Es de noche.	Es ist Nacht / dunkel.

Bitte beachten: vor **medio** und **otro**
steht **kein** Unbestimmter Artikel.

5 Un viaje a Alemania

¿Adónde?

¿Adónde va el tren?
Va **a** Colonia.

¿De dónde?

¿De dónde viene el tren?
Viene **de** Madrid.

¿Dónde?

¿Dónde están?
Están **en** la estación.

El Sr. Martín es de Madrid, pero vive en Barcelona.
Este año va a pasar sus vacaciones en Alemania. Va a visitar a un
amigo en Colonia.
El Sr. Martín va a Colonia en tren. En la estación está su amigo
el Sr. Brand. El Sr. Brand no vive muy lejos de la estación. Van a su
casa a pie.
Por la tarde visitan la ciudad. Después el Sr. Martín invita al Sr. Brand
a cenar. Van a un restaurante español.

Camarero: ¿Qué van a tomar?
Sr. Martín: Una paella para dos personas y una botella de vino tinto.

El Sr. Brand habla bastante bien español. Durante la cena hablan
sobre el trabajo y la familia.
Después de comer el Sr. Martín paga la cuenta.
El Sr. Martín pasa dos semanas de vacaciones en casa de su amigo.

5

Diálogo 1

A: Mañana me voy de vacaciones.
B: ¿Adónde vas?
A: Voy a Torrevieja.
B: ¿Dónde está Torrevieja?
A: Está cerca de Alicante, en el este de España.
B: ¿Cómo vas?
A: Voy en coche hasta Barcelona con unos amigos y después en tren.
B: ¿Cuánto tiempo vas a pasar allí?
A: Voy a estar tres semanas.

Diálogo 2

A: ¿Dónde va a pasar Ud. este año las vacaciones?
B: Voy a ir a Venezuela.
A: ¿Va a ir Ud. en barco?
B: No, voy a ir en avión.
A: ¿Cuánto tiempo va a pasar allí?
B: Voy a pasar cuatro semanas.

Español Actual – Lehrbuch 1 © FELDHAUS VERLAG, Hamburg

Diálogo 3

A: ¿Vienes esta tarde a mi casa?
B: No, hoy no tengo tiempo, tengo mucho trabajo.
A: ¿Y mañana?
B: Mañana tampoco tengo tiempo. Tengo siempre mucho trabajo.

Diálogo 4

A: ¿Vamos esta tarde al cine?
B: No, hoy estoy muy cansado. Vamos mañana. ¿Vale?
A: ¡Vale!

Die Verben **ir** und **irse**

ir	gehen, fahren, fliegen		**irse**	wegfahren, weggehen

voy		me	voy
vas		te	vas
va		se	va
vamos		nos	vamos
vais		os	vais
van		se	van

	a / al / a la		**en**	
Ir		Ort		
	Richtung		Verkehrsmittel	

ir a + **Länder / Städte / Dörfer / Stadtteile / nach Hause / Verb im Infinitiv**

Voy a España.	Ich fahre nach Spanien.
¿Vas a Barcelona?	Fährst du nach Barcelona?
¿Vais a casa?	Geht ihr nach Hause?
¿Vamos a tomar una copa?	Gehen wir etwas trinken?

ir al + **männliche Substantive**   (a + el = **al**)

Teresa va al cine.	Teresa geht ins Kino.
¿Vas al teatro?	Gehst du ins Theater?

ir a la + **weibliche Substantive**

Voy a la estación.	Ich gehe zum Bahnhof.
Vamos a la ciudad.	Wir gehen in die Stadt.

Verkehrsmittel

el coche	das Auto		el metro	die U-Bahn
el autobús	der Autobus		el barco	das Schiff
el tren	der Zug		la bicicleta	das Fahrrad
el avión	das Flugzeug		el tranvía	die Straßenbahn

Bitte beachten:

Nach **ir** werden die Verkehrsmittel mit der Präposition **en** ohne Artikel verwendet.

ir en coche; ir en tren; ir en bicicleta; usw.

aber: ir a pie   zu Fuß gehen

Beispiele:

Mañana voy a España en avión.	Morgen fliege ich nach Spanien.
Esta tarde voy al centro en autobús.	Heute nachmittag fahre ich mit dem Autobus in die Stadt.
¿Vas a casa a pie?	Gehst du zu Fuß nach Hause?
Esta noche vamos al teatro.	Heute abend gehen wir ins Theater.
¿Cuándo vais a la universidad?	Wann fahrt / geht ihr zur Universität?
Esta noche voy a casa de Juan.	Heute abend gehe ich zu Juan.

Bitte beachten Sie die Übersetzung:

zu jemandem gehen	ir a casa de ... (auch : ir a visitar a ...)

Ich gehe heute abend zu dir.	Esta tarde voy a tu casa / voy a visitarte.
Wir gehen morgen zu mir.	Mañana vamos a mi casa.
Gehen wir zu Juan?	¿Vamos a casa de Juan?
	¿Vamos a visitar a Juan?

Nahe Zukunft **Futuro próximo**

Mit **ir a** + **Infinitiv** drückt man eine Handlung, die in der nahen Zukunft geschehen wird, aus.

ir a + Verb im Infinitiv

ir	a	Verb im Infinitiv
voy		trabajar
vas		comer
va	**a**	ir
vamos		desayunar
vais		tomar
van		estudiar

¿Dónde vas a pasar las vacaciones?	Wo wirst du deinen Urlaub verbringen?
Voy a ir a Málaga.	Ich werde nach Málaga fahren.
¿Qué van a tomar?	Was hätten Sie gerne? (wörtlich: Was werden Sie nehmen?)

Gramática

Deklination des Substantivs   **Declinación del sustantivo**

Nominativ	Wer?	¿Quién?	ohne Präposition
Genitiv	Wessen?	¿De quién?	mit Präposition **de**
Dativ	Wem?	¿A quién?	immer mit Präposition **a**
Akkusativ	Wen?	¿A quién?	nur bei **Personen** mit Präposition **a**
		¿Qué?	bei Sachen ohne Präposition.

Beispiele:

Nominativ

¿Quién es?
Es el profesor.

Wer ist es?
Es ist der Lehrer.

Genitiv

¿De quién es el coche?
Es del señor Martín.
Es de Paco.

Wem gehört das Auto? / Wessen Auto ist das?
Es gehört Herrn Martín.
Es gehört Paco.

Dativ

El Sr. Martín paga la cuenta **al camarero**.

Herr Martín bezahlt die Rechnung beim Kellner.

Akkusativ

¿A quién visita el Sr. Martín?
Visita **a** su amigo.

Wen besucht Herr Martín?
Er besucht seinen Freund.

¿Qué visita el Sr. Martín por la tarde?
Visita la ciudad.

Was besucht Herr Martín nachmittags?
Er besucht die Stadt.

Bitte beachten:

a + el = **al**

de + el = **del**

Interrogativpronomen   **Los pronombres interrogativos**

qué	was		cuándo	wann
quién	wer		por qué	warum
a quién	wem / wen		dónde	wo
cómo	wie		de dónde	woher
cuánto	wieviel		adónde	wohin

Español Actual – Lehrbuch 1 © FELDHAUS VERLAG, Hamburg

Das unbetonte Possessivpronomen   **El adjetivo posesivo**

mi	mein		nuestro, -a	unser
tu	dein		vuestro, -a	euer
su	sein / ihr / Ihr		su	ihr / Ihr

mi, tu, su haben nur eine Endung für beide Geschlechter: mi coche, mi bicicleta.
Aber: nuestro coche, nuestra casa, vuestro profesor, vuestra profesora.
Im Plural wird an alle Formen ein **s** angehängt: mis libros, tus padres, nuestros amigos.
Diese Formen stehen **immer vor dem Substantiv**. Sie gelten für Personen und Dinge.

su kann bedeuten:

de él	sein (von ihm)		de ellos	ihr (von ihnen)
de ella	ihr (von ihr)		de ellas	ihr (von ihnen)
de Ud.	Ihr (von Ihnen Sg.)		de Uds.	Ihr (von Ihnen Pl.)

Bitte beachten:

bei mir	en mi casa
bei dir	en tu casa
bei ihr / ihm / Ihnen	en su casa
bei uns	en nuestra casa (auch: en mi país)

Grundzahlen von 100 bis 1000   **Los números cardinales**

100 – cien / ciento	300 – trescientos, -as	700 – setecientos, -as
101 – ciento uno	400 – cuatrocientos, -as	800 – ochocientos, -as
130 – ciento treinta	500 – quinientos, -as	900 – novecientos, -as
200 – doscientos, -as	600 – seiscientos, -as	1000 – mil

Ciento wird zu **cien**, wenn ein Substantiv oder eine größere Zahl folgt: cien libros, cien mil libros.

Die Hunderter ab 200 richten sich nach dem Geschlecht des folgenden Substantivs:
doscientos marcos; doscientas pesetas.

Die Konjunktion **y** steht nur zwischen Zehnern und Einern: quinientos treinta y cinco.

De compras

En el mercado

Vendedor:	Buenos días, señora ¿Qué desea?
Señora:	¿Cuánto cuestan estas naranjas?
Vendedor:	100 pesetas el kilo.
Señora:	Déme un kilo, por favor.
Vendedor:	¿Desea algo más?
Señora:	Sí, medio kilo de tomates.
Vendedor:	¿Algo más?
Señora:	Nada más, gracias. ¿Cuánto es todo?
Vendedor:	Son 175 pesetas.
Señora:	Aquí tiene usted 1000 pesetas.
Vendedor:	Tenga la vuelta 200, 300, 400, 500 y 500 son mil pesetas. Muchas gracias.
Señora:	De nada. ¡Adiós!
Vendedor:	¡Adiós, señora!

En la oficina de Correos

Señor 1:	Déme un sello para una postal para Alemania.
Empleado:	Tenga. Son 45 pesetas.
Señor 1:	Tenga 100.
Empleado:	Tenga la vuelta.

Señor 2:	Déme dos sellos de 45 y uno de 60 pesetas, por favor.
Empleado:	Aquí tiene, señor. Son 150 pesetas.
Señor 2:	Tenga 200.
Empleado:	Tenga 50 pesetas de vuelta.

Español Actual – Lehrbuch 1 © FELDHAUS VERLAG, Hamburg

En un estanco

Un estanco es una tienda donde hay tabaco, cigarrillos, sellos y postales.
En el estanco de la Plaza Mayor trabaja Carlos.
Entra Juan. Juan y Carlos son buenos amigos.

Carlos: ¡Hola, Juan! ¿Qué quieres?
Juan: Dame un paquete de Ducados.
Carlos: Toma, ¿quieres algo más?
Juan: ¿Esos cigarrillos son nuevos?
Carlos: Sí, pero no son muy buenos y son muy caros.
Juan: Entonces no quiero nada más. Gracias.

En una tienda

Gramática

Das Adjektiv   **El adjetivo**

Das Adjektiv richtet sich in Geschlecht und Zahl nach dem Substantiv.
Adjektive auf **-o** bilden die **weibliche** Form auf **-a**.

El vino es bueno.	Der Wein ist gut.
La paella es buena.	Die Paella ist gut.

Adjektive auf **-e** und **-l** bleiben im Geschlecht **unverändert**.

Un señor elegante.	Ein eleganter Herr.
Una señora elegante.	Eine elegante Frau.
La gramática es fácil.	Die Grammatik ist leicht.
El ejercicio es fácil.	Die Übung ist einfach.

Die Stellung des Adjektivs

1. Das Adjektiv steht meistens **nach** dem Substantiv.

Un señor simpático.	Ein netter Herr.

2. **Bueno** und **malo** kann man **vor das Substantiv** stellen, dadurch geht aber
   die Endung **-o** verloren. Die weiblichen Formen bleiben unverändert.

Un buen vino.	Ein guter Wein.
Una buena paella.	Eine gute Paella.

3. Die Adjektive **mucho**, **poco** und **otro** werden immer **vorangestellt**.

Otra cerveza, por favor.	Noch ein Bier, bitte!
Tengo mucho/poco dinero.	Ich habe viel/wenig Geld.

4. Die Adjektive für **Farben** und **staatliche Zugehörigkeit** sind immer **nachgestellt**.

El coche negro.	Das schwarze Auto.
Un señor español.	Ein spanischer Mann.

5. Das **Adverb** steht **vor** dem **Adjektiv**.

muy bueno	sehr gut
un poco pequeño	etwas klein

Diese Einheit, **Adverb + Adjektiv,** steht meistens **nach** dem Substantiv.

Un vino muy bueno.	Ein sehr guter Wein.
Una casa un poco pequeña.	Ein etwas kleines Haus.

6. Einige Adjektive ändern, je nach ihrer Stellung, ihre Bedeutung.

Un hotel grande.	Ein großes Hotel.
Un gran hotel.	Ein gutes (großartiges) Hotel.
Un hombre pobre.	Ein armer Mann (ohne Geld).
Un pobre hombre.	Ein bedauernswerter Mann.

Bitte beachten:

Das Adjektiv **grande** wird im Singular vor dem Substantiv immer zu **gran**, im Plural bleibt es unverändert.

7. Gehört ein Adjektiv zu mehreren Substantiven verschiedenen Geschlechts, so steht es im Plural in der **männlichen** Form.

Juan y Teresa son muy simpáticos.	Juan und Teresa sind sehr nett.

Bitte beachten:

Die deutschen Wörter **gut/schlecht** haben im Spanischen zwei Bedeutungen:

bueno, -a, -os, -as	(Adjektiv)
malo, -a, -os, -as	(Adjektiv)
bien, mal	(Adverb, unveränderlich)

El vino es bueno.	Der Wein ist gut.
Hablas muy bien alemán.	Du sprichst sehr gut Deutsch.

Gramática

Demonstrativpronomen **Los adjetivos y pronombres demostrativos**

	m.	f.	n.	
Sg.	este	esta	esto	**nahe beim Sprechenden**
Pl.	estos	estas	-	
Sg.	ese	esa	eso	**nahe beim Angesprochenen**
Pl.	esos	esas	-	
Sg.	aquel	aquella	aquello	**weiter entfernt**
Pl.	aquellos	aquellas	-	

Este, **esta** usw. weisen auf Dinge oder Personen hin, die sich **in der Nähe**
des Sprechers befinden (greifbar).

Este señor es mi profesor.	Dieser Mann ist mein Lehrer.
Esta casa es muy bonita.	Dieses Haus ist sehr schön.

Ese, **esa** usw. weisen auf Sachen oder Personen hin,
die vom Sprecher etwas **weiter entfernt** sind (nicht greifbar),
oder die sich näher beim Angesprochenen befinden.

Esa chica es muy guapa.	Das Mädchen (dort) ist sehr hübsch.
Esos plátanos son muy caros.	Diese Bananen (dort) sind sehr teuer.

Español Actual – Lehrbuch 1 © FELDHAUS VERLAG, Hamburg

Aquel, **aquella** usw. weisen auf Dinge oder Personen hin, die räumlich oder zeitlich weiter entfernt sind.

aquel coche	jenes Auto
aquella señora	jene Frau

Die Neutrumformen, **esto**, **eso**, **aquello** beziehen sich auf einen **noch nicht definierten Gegenstand,** oder auf einen **Sachverhalt**.

¿Qué es esto?	Was ist das?
Esto es un libro.	Dies ist ein Buch.
No comprendo esto.	Ich verstehe das nicht.

Bei Zeitangaben benutzt man die Pronomen **este** bzw. **esta**, wenn die **Zeiträume nicht abgeschlossen** sind, bzw. wenn eine **Verbindung mit der Gegenwart** besteht.

esta mañana	heute morgen
este año	dieses Jahr

Aber:

En ese año ...	In jenem Jahr ...
En aquel tiempo ..	In jener Zeit ...

Bitte beachten: Nach **esto, eso, aquello** kann **niemals ein Substantiv** folgen, da Substantive im Spanischen nur männlich oder weiblich sind.

Expresiones usuales con pronombres demostrativos:

Eso es.	So ist es, ganz richtig, das stimmt.
Eso sí.	Das allerdings.
Eso sí que no	Das bestimmt nicht.
¿Y eso?	Wieso?
¿Cómo es eso?	Wieso?
De eso nada.	Das kommt nicht in Frage.
De eso ni hablar.	Das kommt nicht in Frage.
por eso	deshalb, deswegen
para eso	dafür
a eso de + Zeitangabe	gegen, etwa um

Bitte beachten: Die Demonstrativpronomen können, wenn sie allein stehen, einen Akzent haben. Éste es mi libro.

ESOS SEÑORES SÍ QUE ESTÁN GORDOS.

Der Imperativ   **El imperativo**

Bei den regelmäßigen Verben ist die **2. Person Singular** des **Imperativs** („Du-Form") identisch mit der **3. Person Singular** Präsens **Indikativ**.

Präsens (3. Person Sg.):

toma	come	escribe
er/sie nimmt	er/sie ißt	er/sie schreibt

Imperativ (Du-Form):

¡toma!	¡come!	¡escribe!
nimm!	iß!	schreibe!

Die **Höflichkeitsform usted** lautet:

¡hable!	¡coma!	¡escriba!
sprechen Sie!	essen Sie!	schreiben Sie!

Die **Personal- und Reflexivpronomen** werden an die Formen des bejahten Imperativs **angehängt**.

¡dé**me**!	¡da**me**!	¡leván**ta**te!
geben Sie mir!	gib mir!	steh auf!

Die deutsche Konstruktion **bitte schön** hat im Spanischen drei verschiedene Übersetzungen:

1. Muchas gracias.   Vielen Dank.
   De nada.   Bitte schön.

2. ¡Camarero, **por favor!**   Herr Ober, bitte!

3. Bitte schön (beim **überreichen** einer Sache), wird im Spanischen mit den entsprechenden **Befehlsformen** der Verben **tener** bzw. **tomar** wiedergegeben.

   ¡Toma!   Bitte schön! (wörtlich: Nimm!)
   ¡Tome!   Bitte schön! (wörtlich: Nehmen Sie!)
   ¡Ten!   Bitte schön! (etwa: Hier hast du es!)
   ¡Tenga!   (etwa : Hier haben Sie es!)

Man verwendet auch das **Präsens** von **tener**.

¡Aquí tienes!   Bitte schön! (wörtlich: Hier hast du es!)
¡Aquí tiene usted!   Bitte schön! (Hier haben Sie es!)

Die Grundzahlen ab 1000

1.000	mil
1.001	mil uno/una
1.500	mil quinientos, -as
2.000	dos mil
10.000	diez mil
100.000	cien mil
1.000.000	un millón (de)
1.000.000.000	mil millones (de)

Die **Jahreszahlen** ab 1000 werden als **Tausender** gesprochen:

Im Jahr 1492. – En el año mil cuatrocientos noventa y dos.

7 Las vacaciones

Pilar **sabe** esquiar.

En Sierra Nevada
se **puede** esquiar.

Juan: ¡Hola, Pilar! ¿Qué tal?
Pilar: Bien, gracias, ¿y tú?
Juan: Regular. Tengo que estudiar mucho, pero no tengo ganas. ¿Qué vas a hacer esta tarde?
           ¿Vamos al cine?
Pilar: No puedo. Trabajo por las tardes en una biblioteca hasta las Navidades.
Juan: ¿Adónde vas a ir en Navidades?
Pilar: Voy a visitar a mis padres en Granada y después voy a Sierra Nevada a esquiar. ¿Y tú?
Juan: No sé todavía. No tengo mucho dinero para ir de vacaciones.
Pilar: ¿Por qué no trabajas por las tardes como yo y te vienes unos días conmigo a esquiar?
Juan: Porque no tengo tiempo. Tengo pronto exámenes y tengo que estudiar mucho. Además
           no sé esquiar. ¿Tú sabes esquiar?
Pilar: Sí, no es muy difícil. Mis padres viven cerca de Sierra Nevada y voy a esquiar muchas
           veces los fines de semana y en vacaciones. Juan, me tengo que ir. Tengo mucha prisa.
           Tengo que estar en la biblioteca a las cinco. ¿Me llamas mañana?
Juan: ¡Vale! Hasta mañana.
Pilar: ¡Adiós!

Español Actual – Lehrbuch 1 © FELDHAUS VERLAG, Hamburg

Diálogo 1

A: ¿Tienes ganas de ir esta tarde al cine?

B: No, esta tarde no tengo tiempo. Tengo que estudiar.

A: Yo también tengo muchas cosas que hacer, pero no tengo ganas de hacer nada. ¿Vamos a comer algo? Tengo hambre.

B: Bueno, pero después de comer me voy a casa a estudiar. Y tú también tienes que estudiar.

A: Sí, tienes razón.

Diálogo 2

A: ¿Cuántos años tienes?

B: Tengo 23 años, ¿y tú?

A: Yo cumplo hoy 22 años.

B: ¡Ah! ¿Es tu cumpleaños?

A: Sí, hoy es mi cumpleaños y tengo que estudiar.

B: Si quieres podemos ir a cenar juntos.

A: Sí, es una buena idea.

B: Podemos ir a cenar a un restaurante chino.

A: ¡Vale! ¿Sabes dónde hay uno?

B: Sí, cerca de la Plaza Mayor hay uno nuevo.

A: ¿Vamos en coche?

B: No, vamos en metro, es muy difícil aparcar allí.

A: ¿Está buena la comida?

B: Sí, está muy buena, pero no puedo más.

A: ¿Sabes una cosa? Tengo ganas de ir a bailar.

B: Pero, ¿no tienes que estudiar?

A: Sí, pero un día es un día. ¡Venga, vamos!

B: No sé qué hacer. Mañana tengo que levantarme temprano.

A: Sólo una hora. ¿Vale?

B: ¡Vale, vamos!

Gramática

Gebrauch von **poder** und **saber**

Präsens	**poder** (können, dürfen)	**saber** (können, wissen)
	p**ue**do	**sé**
	p**ue**des	sabes
	p**ue**de	sabe
	podemos	sabemos
	podéis	sabéis
	p**ue**den	saben

Poder drückt eine **Möglichkeit** aus, die durch **äußere Umstände** oder **Erlaubnis** gegeben ist.

Hoy no puedo ir al cine.	Heute kann ich nicht ins Kino gehen.
¿Puedo fumar?	Darf ich rauchen?

Können wird durch **saber** übersetzt, wenn es sich um eine **verstandesmäßige-**, oder um eine **erlernte Fähigkeit** handelt.

¿Sabes cocinar?	Kannst du kochen?
No sé bailar.	Ich kann nicht tanzen.
¿Sabe Ud. español?	Können/sprechen Sie Spanisch?

Redewendungen mit **tener**, **saber**, **poder**

tener ganas (de) ...	Lust haben auf etwas
tener prisa	es eilig haben
tener razón	Recht haben
tener hambre	Hunger haben
tener sed	Durst haben
Tengo frío/calor.	Mir ist kalt/warm.
¿Cuántos años tienes?	Wie alt bist du?

No sé qué hacer.	Ich weiß nicht, was ich machen soll.
No sé qué decirte.	Ich weiß nicht, was ich dir sagen soll.
¡Qué sé yo!	Was weiß ich!
¿Sabe usted una cosa?	Wissen Sie was?

Puede ser.	Es mag sein.
No puede ser.	Ausgeschlossen./Das kann nicht sein.
No puedo más.	Ich kann nicht mehr.
¿Se puede?	Darf man eintreten?

Präpositionen + Infinitiv

para + infinitivo	um ... zu
No tengo dinero para ir de vacaciones.	Ich habe kein Geld, um in Urlaub zu fahren.

sin + infinitivo	ohne ... zu
Sin trabajar no puedo ir de vacaciones.	Ohne zu arbeiten, kann ich nicht in Urlaub fahren.

después de + infinitivo	nach dem ...
Después de comer.	Nach dem Essen.

Personalpronomen

Die unbetonten Formen der persönlichen Fürwörter der 1. und 2. Person sind im **Dativ** und **Akkusativ gleich**:

me (mir, mich)   **te** (dir, dich)

Sie treten nur in **Verbindung mit einem Verb** auf.

Pedro me invita a comer.	Pedro lädt mich zum Essen ein.
Te llamo mañana.	Ich rufe dich morgen an.
Te doy el libro mañana.	Ich gebe dir das Buch morgen.

Gramática

Nahe Zukunft **Futuro próximo**

Mit **ir a + Infinitiv** drückt man eine Handlung, die in der nahen Zukunft geschehen wird, aus.

ir	a	infinitivo
voy		comer
vas		visitar
va	a	tomar
vamos		hablar
vais		estudiar
van		ir

Die **Personal-** und **Reflexiv-Pronomen** werden an den **Infinitiv angehängt** oder stehen **vor dem Hilfsverb**. Die **Verneinung** steht **davor**.

Voy a llamar**te** mañana. = **Te** voy a llamar mañana.	Ich werde dich morgen anrufen.
Te voy a visitar esta tarde. = Voy a visitar**te** esta tarde.	Ich werde dich heute abend besuchen.
Me voy a duchar. = Voy a duchar**me**.	Ich gehe / werde jetzt duschen.
No te voy a llamar. = No voy a llamar**te**.	Ich werde dich nicht anrufen.
No voy a levantar**me** temprano. = No **me** voy a levantar ...	Ich werde nicht früh aufstehen.

Bitte beachten:

vamos a + Infinitiv drückt auch eine Aufforderung an die eigene und andere Personen aus:

Vamos a comer.	Wir gehen essen. / Laßt uns essen.

 Español Actual – Lehrbuch 1 © FELDHAUS VERLAG, Hamburg

Una fiesta de fin de curso

Juan acaba de llegar a casa y está muy contento porque las notas de los últimos exámenes son muy buenas.

Juan: Mamá, mañana quiero hacer una fiesta en casa para celebrar el fin de curso.

Madre: Bueno, por mí puedes hacerla, pero yo no te puedo ayudar a prepararla porque mañana no voy a estar en casa.

Juan: No importa. La puedo preparar yo solo.

Madre: ¿A quién vas a invitar?

Juan: A mis amigos de clase.

Madre: ¿Los conozco yo?

Juan: A las chicas creo que las conoces a todas. De los chicos sólo conoces a Ignacio y a Ricardo.

Madre: ¿Vas a invitar también a tu primo José?

Juan: Sí, lo puedo invitar también.
Bueno, voy a llamar a mis amigos.

Español Actual – Lehrbuch 1 © FELDHAUS VERLAG, Hamburg

Juan: ¡Hola, Mario! Soy Juan. Te llamo para invitarte mañana a una fiesta en mi casa. ¿Tienes tiempo?
Mario: Sí, claro.
Juan: ¿Puedes llamar tú a Cristina y a Laura?
Mario: Sí, las llamo ahora mismo. ¿A qué hora es la fiesta?
Juan: A las ocho.
Mario: Si quieres voy a tu casa un poco antes para ayudarte.
Juan: ¿Puedes venir a las seis?
Mario: Sí, claro. Hasta mañana.
Juan: Adiós.

Teresa acaba de llegar a casa.

Teresa: ¡Hola, Juan! ¿Cómo estás?
Juan: Bien, gracias. Mañana voy a hacer una fiesta para celebrar el fin de curso.
¿Tienes algo que hacer mañana por la tarde?
Teresa: No, si quieres te puedo ayudar.
Juan: ¿Puedes llamar a Marcos y a Sonia para invitarlos?
Teresa: A Marcos lo puedo llamar ahora mismo, pero Sonia está de vacaciones.
Juan: Bueno, llama a Marcos y pregúntale si tiene tiempo.

Diálogo 1

A: ¿Quién va a hacer la comida hoy?
B: La puede hacer Pilar.
C: No, yo no la hago. No tengo tiempo.
    ¿La haces tú, Elena?
D: No, yo no la puedo hacer tampoco.
A: Entonces la hago yo.

Diálogo 2

A: ¿Dónde está mi libro? No lo veo. ¿Lo tienes tú?
B: No, yo no lo tengo. Quizá lo tiene Ricardo.
C: Sí, lo tengo yo, pero no te lo doy.
A: ¿Por qué no me lo das?
C: Porque lo necesito.

Diálogo 3

A: ¿Quién pone la mesa hoy? ¿La pones tú?
B: Bueno, ¿dónde están los vasos?
A: Están sucios. Hay que lavarlos. ¿Los lavas tú?
B: No, yo no los lavo. Si yo pongo la mesa, tú lavas los vasos.
A: Bueno, vale.

Diálogo 4

A: ¿Conoces a mi amigo Mario?
B: No, no lo conozco.
A: ¿Y a mi hermana Teresa?
B: No, tampoco la conozco.

Diálogo 5

A: ¿Invitamos a Pedro a la fiesta?
B: Sí, lo podemos invitar.
A: ¿Y a Sara?
B: Sí, podemos invitarla también.

Diálogo 6

A: ¿Vas a vender tu coche?
B: No, no voy a venderlo todavía.
A: ¿Por qué no lo quieres vender?
B: Porque acabo de arreglarlo.

Das verbundene Personalpronomen im Akkusativ und Dativ

Akkusativ		Dativ	
me	mich	me	mir
te	dich	te	dir
le / lo (Personen)	ihn	le	ihm, ihr, Ihnen
la (Personen)	sie, es		
lo, la (Sachen)	ihn, sie, es		
nos	uns	nos	uns
os	euch	os	euch
los, las (Personen)	sie	les	ihnen, Ihnen
los, las (Sachen)	sie		

Im Spanischen gibt es zwei Arten von Personalpronomen (mit und ohne Präposition). Die hier dargestellten Formen (ohne Präposition) treten **nur in Verbindung mit einem Verb** auf und werden daher **verbundene Personalpronomen** genannt.

Die Stellung des verbundenen Personalpronomens

1. **Vor** dem **konjugierten Verb**.

Te llamo a las 12 h.	Ich rufe dich um 12 Uhr an.
¿Conoces a Mario?	Kennst du Mario?
No, no **lo** conozco.	Nein, ich kenne ihn nicht.

   Verneinung steht **davor**.

Hoy no **la** llamo.	Heute rufe ich sie nicht an.

2. Bei **Modalverben** (können, müssen, wollen, usw.), sowie bei einigen **Verbverbindungen** können die Pronomen **vor dem Hilfsverb** stehen oder **an den Infinitiv angehängt** werden.

Va a llamar**me** mañana.	Er / sie wird mich morgen anrufen.
Me va a llamar mañana.	Er / sie wird mich morgen anrufen.
Tengo que llamar**la**.	Ich muß sie anrufen.
La tengo que llamar.	Ich muß sie anrufen.
¿Puedo invitar**lo**?	Darf ich ihn einladen?
¿**Lo** puedo invitar?	Darf ich ihn einladen?
Acabo de hacer**lo**.	Ich habe es gerade getan.
Lo acabo de hacer.	Ich habe es gerade getan.

Gramática

3. **Angehängt** an die bejahende **Imperativ-Form.**

Lláma**me** mañana.	Ruf mich morgen an!
Dé**me** dos sellos.	Geben Sie mir zwei Briefmarken!
Pregúnta**le** si tiene tiempo.	Frage ihn, ob er Zeit hat.
Di**le** que no tengo tiempo.	Sage ihm/ihr, daß ich keine Zeit habe.

4. Treffen zwei Pronomen beim Verb zusammen, so steht immer der **Dativ vor dem Akkusativ**.

Me regala un libro.	Er schenkt mir ein Buch.
Me lo regala.	Er schenkt es mir.
Os explico la gramática.	Ich erkläre euch die Grammatik.
Os la explico.	Ich erkläre sie euch.
No te doy el libro.	Ich gebe dir das Buch nicht.
No **te lo** doy.	Ich gebe es dir nicht.
Dame la carta.	Gib mir den Brief.
Dá**mela**.	Gib ihn mir.

5. Der Dativ der dritten Person

le (ihm, ihr, Ihnen) und **les** (ihnen, Ihnen) werden aus phonetischen Gründen vor
le, lo, la (Akkusativpronomen) zu **se**.

Regalo a mi madre un libro.	Ich schenke meiner Mutter ein Buch.

(le) (lo)	
Se lo regalo.	Ich schenke es ihr.

Das redundante Personalpronomen

Steht das Dativ- oder Akkusativobjekt am Satzanfang (zur besonderen Betonung),
so muß dieses durch das entsprechende verbundene Personalpronomen wiederholt
werden.

A Susana no **la** conozco.	Susana kenne ich nicht.
A mis padres no **les** escribo.	Meinen Eltern schreibe ich nicht.

Bei **todo** bzw. **todos** steht das redundante Personalpronomen auch
dann, wenn sie als Akkusativobjekt nachgestellt sind.

Lo sé **todo**.	Ich weiß alles.

Español Actual – Lehrbuch 1 © FELDHAUS VERLAG, Hamburg

Das Wort **mismo**

Mismo nach einem **Adverb verstärkt** die Bedeutung des Adverbs und ist unveränderlich.

ahora mismo	gleich jetzt, sofort
hoy mismo	heute noch
mañana mismo	gleich morgen
aquí mismo	genau hier

Wenn **mismo nach** einem **Pronomen, Eigennamen** oder **Substantiv** steht, bedeutet es **selbst** oder **selber**. Es stimmt mit dem Substantiv bzw. Pronomen in Geschlecht und Zahl überein.

yo mismo, -a	ich selbst / selber
Pilar misma	Pilar selbst
el profesor mismo	der Lehrer selbst

Wenn **mismo vor** einem **Substantiv** steht, bedeutet es **gleich**.

la misma escuela	die gleiche Schule
el mismo profesor	der gleiche Lehrer

Übersetzungsmöglichkeiten des Wortes **sí**

Tú no lo sabes. **Sí** que lo sé.	Du weißt es nicht. Ich weiß es doch.
Nadie lo sabe. Yo **sí**.	Niemand weiß es. Ich schon. / Doch, ich.
Tú **sí** que estás gordo.	Du bist wohl / doch derjenige, der dick ist.
A Marcos **sí** lo conozco.	Marcos kenne ich doch.
Tú no vienes mañana, ¿verdad? Pues **sí** / claro que **sí**.	Du kommst morgen nicht, nicht wahr? Doch, natürlich / freilich.
Un día **sí** y otro no.	Jeden zweiten Tag.
Un día **sí** y otro también.	Tagaus, tagein.

En el Museo del Prado

Juan y Peter están en la cafetería de la escuela de idiomas.

Juan: ¡Hola, Peter! ¿Cómo te va? ¿Haces progresos en el idioma español?

Peter: Regular. La gramática es muy difícil.

Juan: ¿Te gusta Madrid?

Peter: Sí, me gusta mucho, pero todavía no conozco todo. El domingo quiero ir al Museo del Prado. ¿Quieres venir conmigo?

Juan: De acuerdo, pero tenemos que ir temprano. En el Museo del Prado hay más de 6.000 cuadros.

Peter: ¿Te parece bien a las nueve?

Juan: Sí, me parece bien. A las nueve estoy en tu casa.

En el Museo del Prado

Juan: Primero vamos a visitar las salas de Goya. ¿Conoces a Goya?

Peter: Sí, Goya es muy conocido en el extranjero. Me gusta mucho, pero no conozco todos sus cuadros. Es del siglo XVIII, ¿verdad?

Juan: Sí. La pintura de Goya es muy interesante. Hay que conocer su vida para comprender su pintura. Ahora vamos a ver las salas de otros pintores españoles del siglo XVII, quizás menos conocidos en el extranjero, pero también muy famosos en España como por ejemplo: Velázquez, Murillo y El Greco.

Peter: Velázquez es también muy interesante, pero los cuadros religiosos de Murillo y El Greco no me gustan.

Juan: ¿Vamos a tomar una copa? Estoy muy cansado.

Peter: ¡Vale, vamos!

Velázquez: "Las Meninas."

Español Actual – Lehrbuch 1 © FELDHAUS VERLAG, Hamburg

Goya (1746 – 1828). Su obra

Primer periodo: Los cartones para tapices

Los cartones para tapices, que pinta en la fábrica de
tapices donde trabaja, representan temas populares del
Madrid alegre. Pinta unos sesenta cartones en siete años.

El Quitasol.

La maja desnuda (1797).

Segundo periodo: Los retratos

Retrata a los reyes (la familia de Carlos IV), a la
aristocracia, a los políticos y artistas. Pinta unos
500 retratos.

La familia de Carlos IV (1800).

9

Tercer periodo: Los cuadros históricos

Los cuadros históricos representan las guerras contra los franceses en la época de Napoleón.

Los fusilamientos del 3 de Mayo de 1808.

Cuarto periodo: Las pinturas negras

Las pinturas negras representan temas sombríos.

Saturno devorando a sus hijos (1820).

Diálogo 1

A: ¿Qué pintor te gusta más, Goya o Velázquez?
B: Me gusta más Goya, pero mi pintor preferido es Dalí. ¿Conoces el Museo de Dalí en Figueras?
A: No, no lo conozco.
B: ¿Y cuál es tu pintor preferido?
A: Mi pintor preferido es Picasso.

Diálogo 2

A: ¿Qué te gusta hacer los domingos?
B: Me gusta levantarme tarde, desayunar con tranquilidad y descansar.
A veces toco la guitarra y de vez en cuando hago un poco de deporte.
Por la tarde me gusta salir con mis amigos y cenar en un buen restaurante.

Diálogo 3

A: ¿Qué le gusta hacer en su tiempo libre?
B: Lo que más me gusta es no hacer nada, sobre todo los fines de semana.
En las vacaciones me gusta viajar, a veces voy a esquiar y a veces voy a la playa. También me gusta escuchar música y leer un buen libro.

Gramática

Das Verb **gustar**

me gusta (-n)	es gefällt mir (es gefallen mir)
te gusta	es gefällt dir
le gusta	es gefällt ihr / ihm / Ihnen
nos gusta	es gefällt uns
os gusta	es gefällt euch
les gusta	es gefällt Ihnen / ihnen

Bitte beachten: ¿Te gusto? Gefalle ich dir?

Me gustas. Du gefällst mir.

Übersetzungsmöglichkeiten von **gustar**

gustar + Substantive	gefallen	Me gusta el libro.	Das Buch gefällt mir.
gustar + Personen	gern haben, mögen	Me gusta Pedro.	Ich mag Pedro.
gustar + Verben (Infinitiv)	etwas gerne tun	No me gusta trabajar.	Ich arbeite nicht gern.
gustar + Länder / Städte	lieben, mögen	Me gusta España.	Ich liebe Spanien.
gustar + Essen	schmecken, mögen	¿Te gusta la paella?	Schmeckt dir / magst du die Paella?

Weitere Beispiele:

¿Te gusta mi vestido?	Gefällt dir mein Kleid?
Sí, pero tú me gustas mucho más.	Ja, aber du gefällst mir viel besser.
¿Qué te gusta más?	Was gefällt dir besser?
Me gusta más ...	Es gefällt mir besser ...
Lo que más me gusta ...	Was mir am besten gefällt ...

Anwendung von **muy** und **mucho**

Beim **Adjektiv** und **Adverb** steht **muy**.

Juan es muy simpático.	Juan ist sehr nett.
Es muy temprano.	Es ist sehr früh.

Beim **Verb** steht **mucho** (unveränderlich).

Me gusta mucho Dalí.	Dalí gefällt mir sehr.
Trabajo mucho.	Ich arbeite viel.

Beim **Substantiv** steht **mucho, -a, os, -as**.

Tengo mucho trabajo.	Ich habe viel Arbeit.
Hay muchas personas en la calle.	Es sind viele Menschen auf der Straße.

Bitte beachten:

¿Estás contento?	Bist du zufrieden?
Sí, estoy muy contento. / Sí, mucho.	Ja, ich bin sehr zufrieden. / Ja, sehr.

Wenn das Adjektiv in einer Antwort nicht wiederholt wird, verwendet man **mucho**.

Die Steigerung von mucho ist **muchísimo**: Me gusta muchísimo.

Übersetzungsmöglichkeiten von **que**

¿qué?	was?	
	¿Qué es esto?	Was ist das?

que	daß	
	El profesor dice que no estudio.	Der Lehrer sagt, daß ich nicht lerne.

¿qué?	welcher, -e, -es?	
	¿Qué pintor te gusta más?	Welcher Maler gefällt dir am besten?

Gramática

¿qué?	was für ein, eine? (auch Mehrzahl)	
	¿Qué cuadro es?	Was für ein Bild ist das?
que	der, die, das (Relativpronomen)	
	Ese señor que está ahí es mi profesor.	Jener Mann, der dort ist, ist mein Lehrer.
	Los libros que están en la mesa son de Juan.	Die Bücher, die auf dem Tisch sind, gehören Juan.
lo que	(das) was	
	No sé lo que pasa.	Ich weiß nicht, was los ist.

¡qué + Substantiv !	was für ein, eine ...!	
¡qué + Adj./Adv. !	wie ...!	
	¡Qué chica!	Was für ein Mädchen!
	¡Qué bonito!	Wie schön!
	¡Qué bien!	Wie gut/schön!

Das Fragewort **cuál**

¿cuál?	welcher?, welche?, welches?
¿cuáles?	welche?

Cuál wird für Personen und Sachen gebraucht und hat für beide Geschlechter nur eine Form.
Cuál wird verwendet, wenn eine Auswahl zu treffen ist:

¿Cuál es la capital de España?	Welche ist die Hauptstadt von Spanien?
¿Cuál de estos cuadros te gusta más?	Welches von diesen Bildern gefällt dir am besten?
¿Cuáles son tus pintores preferidos?	Welche sind deine Lieblingsmaler?

Bitte beachten:

Cuál darf **nie** unmittelbar **vor dem Substantiv** stehen. Das deutsche **was für ein?** wird im Spanischen durch **¿qué?** übersetzt.

¿Qué pintor te gusta más?	Welcher Maler gefällt dir besser?

Español Actual – Lehrbuch 1 © FELDHAUS VERLAG, Hamburg

Ordnungszahlen — **Los números ordinales**

1.° primero (primer)	6.° sexto
2.° segundo	7.° séptimo
3.° tercero (tercer)	8.° octavo
4.° cuarto	9.° noveno
5.° quinto	10.° décimo

Gebrauch der Ordnungszahlen

1. Wenn **primero** und **tercero** vor männlichen Substantiven stehen, verlieren sie die Endung **o**.

Vivo en el **piso primero**.	Ich wohne im 1. Stock.
Vivo en el **primer piso**.	

2. Die Ordnungszahlen werden dem Substantiv in **Geschlecht** und **Zahl** angeglichen.

la primera vez	das 1. Mal
los primeros meses	die ersten Monate

3. Bei Tagen kann man im Spanischen **nur den ersten Tag des Monats** mit der Ordnungszahl versehen.

el primero de enero / el uno de enero	am 1. Januar
aber: el diez de marzo	am 10. März

4. Bei Jahrhunderten, bei **Königen, Päpsten** usw. werden die Ordnungszahlen **nur bis zehn verwendet**, danach werden die Grundzahlen gebraucht.

Carlos V (Quinto), Alfonso X (Décimo), Alfonso XII (Doce)
siglo VI (sexto), siglo XX (veinte)

5. Die deutschen Zahladverbien **erstens**, **zweitens** usw. werden wie folgt übersetzt:

erstens	primero, en primer lugar, primeramente
zweitens	segundo, en segundo lugar

10

Preguntando se va a Roma

Diálogo 1

A: ¿Cómo se va a la estación, por favor?
B: Vaya todo derecho hasta la Plaza de España y tome la
primera calle a la derecha. Al final de la calle está la estación.
A: Muchas gracias.
B: De nada.

Diálogo 2

A: ¿Dónde está la calle Mayor, por favor?
B: Está en el centro. Está bastante lejos. Tome el metro hasta la Puerta del Sol.
A: ¿Cuántas estaciones hay?
B: No lo sé seguro, quizá cinco o seis.
A: Gracias.
B: De nada.

Diálogo 3

A: ¿Sabe dónde hay una farmacia cerca de aquí?
B: Sí, tiene que tomar la segunda calle a la
izquierda y después la primera a la derecha.
A: ¿Está lejos?
B: No, está a unos diez minutos de aquí a pie.
A: Muchas gracias.
B: No hay de qué.

Diálogo 4

A: Perdón, señor, ¿vamos bien para la
autopista de Valencia?
B: No, van ustedes mal por aquí. Tienen
que dar la vuelta y tomar la carretera
a la derecha.
A: Muchísimas gracias.
B: De nada.

Español Actual – Lehrbuch 1 © FELDHAUS VERLAG, Hamburg

Un chiste

Un señor está en una cabina telefónica. Está buscando un número de teléfono en la guía telefónica. En la calle está esperando otro señor.

Pasan cinco minutos y el señor que está dentro de la cabina todavía está buscando algo en la guía. Pasan diez minutos más. El señor que está en la calle está ya un poco nervioso.

Después de quince minutos el señor todavía está mirando la guía. El otro señor abre la puerta de la cabina y pregunta:

– ¿Puedo ayudarle? ¿Qué número busca?
– ¡Qué amable! Estoy buscando el número 48 53 25.

Redewendungen

¡Vaya con Dios!	Leben Sie wohl!
¡Vaya por Dios!	Was für ein Unglück!
¡Vaya / Qué desgracia!	Was für ein Unglück!
¡Vaya / Qué suerte!	Was für ein Glück!

Refranes – Sprichwörter

1. Preguntando se va a Roma.
   etwa: Wer fragt, kommt an.
2. Hablando del rey de Roma, por la puerta asoma.
   Wenn man vom Teufel spricht ...

Verwendung von **hay / está / están**

Das unpersönlich gebrauchte **haber** (hay – es gibt, da ist / sind; ha habido
– es hat gegeben ...) drückt den Begriff des Vorhandenseins aus und
entspricht dem deutschen **geben**. **Hay** wird gebraucht, wenn **das Substantiv**:

1. **ohne Artikel** steht.

En la mesa hay libros.	Auf dem Tisch liegen (gibt es) Bücher.

2. mit dem **unbestimmten Artikel** steht.

En la mesa hay un libro.	Auf dem Tisch liegt (gibt es) ein Buch.

3. von einem **Zahlwort** begleitet ist.

En la mesa hay tres libros.	Auf dem Tisch liegen (gibt es) 3 Bücher.

4. von einem **unbestimmten Pronomen** begleitet ist.

En la mesa hay algunos libros.	Auf dem Tisch liegen (gibt es) einige Bücher.

Estar (está oder están) wird nur gebraucht, wenn **das Substantiv** mit dem
bestimmten Artikel steht:

El libro está en la mesa.	Das Buch liegt (ist) auf dem Tisch.

Español Actual – Lehrbuch 1 © FELDHAUS VERLAG, Hamburg

Präpositionen **Las preposiciones**

por	1. Mittel	Te llamo por teléfono.
	2. Zeitbestimmung	Por la mañana voy a la escuela.
	3. Ortsangaben (durch)	Viajo por España.
	4. Grund	Por mí (meinetwegen) puedes hacerlo.
para	1. Zweck, Absicht	Esto es para ti. (Das ist für dich.)
	2. Angabe der Richtung	Un billete para Madrid.
a	1. Richtung	Voy a España.
	2. Dativ	Escribo a María.
	3. Akkusativ (Personen)	Invito a Juan.
en	1. Ort (Wo?)	Estoy en casa.
	2. Zeitraum	Vengo en una hora.

Das Gerundium **El gerundio**

Das Gerundium ist eine unveränderliche Form des spanischen Verbs. Es bezeichnet hauptsächlich **eine Handlung während ihres Verlaufs.** In den meisten Fällen gibt es für diese Form keine direkte Entsprechung im Deutschen. Manchmal kann man das spanische **Gerundio** mit dem deutschen Partizip Präsens übersetzen (aufstehend – levantándose).

Das Gerundium ist immer **unveränderlich** und bei vielen Verben regelmäßig.

Infinitiv	Gerundio	Endung
trabajar	trabaj**ando**	**-ando** (1. Konjugation)
comer	com**iendo**	**-iendo** (2. Konjugation)
escribir	escrib**iendo**	**-iendo** (3. Konjugation)

Gramática

Verlaufsform (gerade etwas tun)

Die Verlaufsform wird aus dem konjugierten Verb **estar** + **Gerundio** gebildet.

Die Verlaufsform drückt einen Vorgang aus, der zu einem bestimmten Zeitpunkt abläuft, **aber noch nicht abgeschlossen** ist.

¿Qué está haciendo el Sr. García?	Was macht Herr García gerade?
Está escribiendo una postal.	Er schreibt gerade eine Postkarte.

Die **Reflexiv- und Personal-Pronomen** werden am Gerundium **angehängt** oder stehen **vor** dem Hilfsverb **estar**.

El Sr. Sánchez **se** está levantando.	Herr Sánchez steht gerade auf.
El Sr. Sánchez está levantándo**se**.	Herr Sánchez steht gerade auf.
Mi madre **me** está llamando.	Meine Mutter ruft mich gerade.
Mi madre está llamándo**me**.	Meine Mutter ruft mich gerade.

Rafael y Carmen están bailando.

El señor está hablando por teléfono.

El señor García está comiendo.

Don Antonio está fumando.

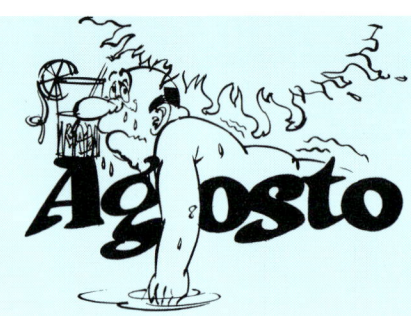

Diálogo 1

A: ¿Qué estación del año te gusta más?
B: Me gusta más el verano.
A: ¿Por qué?
B: Porque hace calor y puedo bañarme en la playa. ¿Y a ti?
A: El invierno porque puedo ir a esquiar. La playa no me gusta.

Diálogo 2

A: ¿Qué día de la semana te gusta más?
B: Me gusta más el sábado porque no trabajo y puedo levantarme tarde.
A: ¿Cuándo es tu cumpleaños?
B: El 5 de julio. ¿Y el tuyo?
A: El mío es el 3 de julio. Lo podemos celebrar juntos.
B: Sí, es una buena idea.

Diálogo 3

A: ¿Hace frío en tu país en invierno?
B: Sí, hace mucho frío y nieva mucho. ¿Y en el tuyo?
A: En el mío no nieva casi nunca, pero a veces hace frío.
   ¿Qué deporte haces tú en invierno?
B: Normalmente hago gimnasia y a veces, cuando nieva, voy a esquiar.

Diálogo 4

A: ¿Cuántas horas trabaja Ud. al día?

B: Depende. Soy profesora. Dos días a la semana tengo cuatro horas de clase y tres días a la semana seis horas.

A: ¿De qué da Ud. clases?

B: De alemán.

A: ¿Qué va a hacer usted el fin de semana?

B: Si llueve, voy a quedarme en casa y si hace buen tiempo, voy a ir a pasear.

Diálogo 5

A: ¿Son suyas estas maletas, señora?

B: No, señor, no son mías. Son de esa señora. Las mías son esas maletas negras.

Diálogo 6

A. ¿Tienes mis cigarrillos?

B: ¿Tus cigarrillos? Tú sabes que no fumo. Pero aquí hay un paquete de cigarrillos. ¿Son estos cigarrillos tuyos?

A: Sí, esos cigarrillos son los míos.

11

Das Datum   **La fecha**

¿Qué día es hoy?	Was ist heute für ein Tag?
Hoy es sábado.	Heute ist Samstag.
Hoy es el 15 (quince) de marzo de mil novecientos noventa.	Heute ist der 15. März 1990.
¿A cuántos estamos?	Den wievielten haben wir heute?
Estamos a 10 (diez) de junio.	Wir haben den 10. Juni.
¿En qué mes estamos?	In welchem Monat sind wir?
Estamos en (el mes de) octubre.	Wir haben Oktober.

Im Spanischen gebraucht man beim Datum, im Gegensatz zum Deutschen, die **Grundzahlen**.
Die einzige Ausnahme ist der erste Tag des Monats, für den beide Formen möglich sind:

Hoy es el uno/el primero de julio.	Heute ist der erste Juli.
El once de agosto es mi cumpleaños.	Am elften August ist mein Geburtstag.

Im Spanischen werden die Jahreszahlen wie alle anderen Zahlen gelesen
(1990 – mil novecientos noventa), und nicht, wie im Deutschen, in Hunderten.

Das Wetter   **El tiempo**

1. ¿Qué tiempo hace?   **Wie ist das Wetter?**

Hace ...	Es ist ...
Hace (mucho) frío.	Es ist (sehr) kalt.
Hace calor.	Es ist warm.
Hace buen/mal tiempo.	Es ist schön./Das Wetter ist schlecht.
Hace 5 grados (bajo cero).	Es sind 5° C unter Null.
Hace 30 grados (sobre cero) (al sol/a la sombra).	Es sind 30° C über Null (in der Sonne/im Schatten).
Hace aire/viento.	Es ist windig.
Hace sol.	Es ist sonnig.

2. Llover, nevar, ...   **Regnen, schneien, ...**

Llueve./Está lloviendo.	Es regnet.
Nieva./Está nevando.	Es schneit.
Está nublado.	Es ist bedeckt.

3. Tengo ...   **Mir ist (es) ...**

Tengo frío.	Mir ist (es) kalt.
Tengo calor.	Mir ist (es) warm.

Español Actual – Lehrbuch 1 © FELDHAUS VERLAG, Hamburg

La primavera empieza el 21 de marzo.
En primavera hace buen tiempo.
A veces hace sol; a veces llueve.

El verano empieza el 21 de junio.
En verano hace mucho calor.
Hace sol.

El otoño empieza el 21 de septiembre.
En otoño llueve mucho.
A veces hace sol; a veces está
nublado y hace viento.

El invierno empieza el 21 de
diciembre.
En invierno hace mucho frío.
A veces llueve y a veces nieva.

Chistes

Un día muy frío de invierno un señor va a la oficina con
ropa de verano.
El jefe, sorprendido, le pregunta:

Jefe: ¿Cómo viene usted así a trabajar?
           ¿No sabe que estamos en el mes de diciembre?
Empleado: Yo sí sé que estamos en diciembre, pero parece ser que
           usted cree que estamos todavía en el mes de agosto porque
           desde julio no me paga.

Un señor va de vacaciones en el mes de julio a la montaña, pero con
tan mala suerte que todos los días está lloviendo.
Después de una semana el señor pregunta en el hotel:

– Oiga, ¿es que aquí llueve siempre?
– No, señor. En invierno incluso nieva.

Español Actual – Lehrbuch 1 © FELDHAUS VERLAG, Hamburg

Das betonte Possessivpronomen

mío, mía, (-s)	mein(e)	nuestro, nuestra, (-s)	unser(e)
tuyo, tuya, (-s)	dein(e)	vuestro, vuestra, (-s)	euer(e)
suyo, suya (-s)	sein/ihr/Ihr	suyo, suya, (-s)	ihr/Ihr

Die betonten Possessivpronomen stehen – im Gegensatz zu den
Unbetonten (Lektion 5) – **alleine**, oder **nach dem Substantiv**.
Sie werden in Zahl und Geschlecht dem Substantiv angeglichen.

Bitte beachten:

Ser + betonte Possessivpronomen = gehören

¿De quién es el libro?	Wem gehört das Buch?
Es mío.	Es gehört mir.
¿Dónde está el mío?	Wo ist das meine?
El tuyo está en la escuela.	Deines ist in der Schule.
El coche es suyo.	Das Auto gehört ihm/ihr/Ihnen/ihnen.
La casa es suya.	Das Haus gehört ihm/ihr/Ihnen/ihnen.
¡Dios mío!	Mein Gott!
¡Madre mía!	Heilige Mutter Gottes!
Muy señor mío:	Sehr geehrter Herr!
El gusto es mío.	Ganz meinerseits.
Lo mío.	Das meine/was mir gehört/was mich betrifft.

Bitte beachten:

(Es) mi amiga.	(Sie ist) meine Freundin.
(Es) una amiga mía.	(Sie ist) eine meiner Freundinnen.
Es muy amigo mío.	Er ist ein guter Freund von mir.

Unterschied zwischen **si** und **cuando**

Si drückt eine **Bedingung** oder eine **Möglichkeit** aus.

Si hace buen tiempo, voy a pasear.
Wenn (falls; angenommen, daß) schönes Wetter ist ...

Cuando drückt eine **Erfahrungstatsache** aus.

Cuando hace buen tiempo, voy a pasear.
(Immer/Jedesmal,) wenn schönes Wetter ist ...

12 El cumpleaños

Hoy es el cumpleaños de Teresa. Por la tarde da una fiesta en su casa. La fiesta empieza a las ocho de la tarde y termina a las tres de la madrugada. Se acuesta casi a las cuatro. Sólo puede dormir cuatro horas.
Al día siguiente llega una hora tarde a la oficina. El jefe está muy enfadado.

Jefe: Señorita, ¿no sabe que aquí se empieza a trabajar a las ocho de la mañana? Son casi las nueve. ¿Qué piensa usted? ¿Cree que la oficina es un bar donde se puede entrar y salir a cualquier hora?

Teresa: ¡Lo siento mucho! Me encuentro un poco mal.

Jefe: ¿Se siente mal? ¿Está enferma? Sí, tiene mala cara. Está muy pálida. ¿Le traigo un poco de agua?

Teresa: No, no, no hace falta. Ya me encuentro mejor.

Jefe: ¿No prefiere volver a casa y acostarse?

Teresa: No, creo que puedo trabajar.

Jefe: ¡Si usted lo prefiere ...!

Español Actual – Lehrbuch 1 © FELDHAUS VERLAG, Hamburg

Diálogo 1

A: ¿Qué piensas hacer en las vacaciones?
B: Pienso ir a España.
A: ¿Cuánto tiempo piensas pasar allí?
B: Pienso pasar tres semanas allí.
A: ¿Piensas ir a la playa?
B: No, prefiero visitar algunas ciudades.

Diálogo 2

A: ¿Qué piensa hacer usted esta tarde?
B: Pienso volver a casa lo antes posible y acostarme.
A: ¿A qué hora se acuesta Ud. normalmente?
B: Normalmente me acuesto a las 12 h de la noche, pero hoy me encuentro un poco mal y me voy a acostar muy pronto.

Diálogo 3

A: ¿Te apetece ir esta tarde conmigo al cine?
B: Sí, me apetece mucho.
A: ¿Te parece bien a las 6 h?
B: No, prefiero un poco más tarde porque tengo que estudiar.

Diálogo 4

A: ¿A qué hora cierran los bancos?
B: A las 2 de la tarde.
A: ¿Y por la tarde?
B: En España los bancos no abren por la tarde.

Por la mañana no puedo desayunar porque te quiero y pienso en ti.
A mediodía no puedo comer porque pienso en ti.
Por la tarde no puedo cenar porque pienso en ti.
Por la noche no puedo dormir porque tengo hambre.

Español Actual – Lehrbuch 1 © FELDHAUS VERLAG, Hamburg

Unregelmäßige Verben im Präsens

1. Verben, bei denen das **o** des Stammes, wenn es betont ist, zu **ue** wird (**o → ue**)

acostarse ins Bett gehen	**poder** können	**dormir** schlafen
Präsens	Präsens	Präsens

me acuesto	puedo	duermo
te acuestas	puedes	duermes
se acuesta	puede	duerme
nos acostamos	podemos	dormimos
os acostáis	podéis	dormís
se acuestan	pueden	duermen

Zu dieser Gruppe gehören auch:

volver	zurückkommen
encontrar	finden
encontrar(se)	(sich) treffen , sich fühlen

2. Verben, bei denen das **e** des Stammes, wenn es betont ist, zu **ie** wird (**e → ie**)

pensar denken, vorhaben	**entender** verstehen	**preferir** vorziehen
Präsens	Präsens	Präsens

pienso	entiendo	prefiero
piensas	entiendes	prefieres
piensa	entiende	prefiere
pensamos	entendemos	preferimos
pensáis	entendéis	preferís
piensan	entienden	prefieren

Einige wichtige Verben dieser Gruppe sind:

querer	wollen, lieben
cerrar	zumachen
sentarse	sich setzen
sentir(se)	(sich) fühlen, bedauern

12 Gramática

3. Andere unregelmäßige Verben sind:

hacer	machen	hago, haces, hace, hacemos, hacéis, hacen
tener	haben	tengo, tienes, tiene, tenemos, tenéis, tienen
decir	sagen	digo, dices, dice, decimos, decís, dicen
saber	wissen, können	sé, sabes, sabe, sabemos, sabéis, saben
dar	geben	doy, das, da, damos, dais, dan
poner	setzen, legen, stellen	pongo, pones, pone, ponemos, ponéis, ponen
venir	kommen	vengo, vienes, viene, venimos, venís, vienen
traer	bringen	traigo, traes, trae, traemos, traéis, traen

 Español Actual – Lehrbuch 1 © FELDHAUS VERLAG, Hamburg

Übersetzungsmöglichkeiten von **pensar**

1. **pensar (en) – denken (an)**

¿(En) qué piensas?   (An) was denkst du?
No pienso (en) nada.   Ich denke (an) nichts.
Pienso siempre en ti.   Ich denke immer an dich.

2. **pensar que – denken, meinen**

pensar(de / sobre) – meinen (über)

Pienso que Carlos no viene hoy.   Ich meine / denke, daß Carlos heute nicht kommt.
¿Qué piensas de / sobre Isabel?   Was ist deine Meinung über Isabel?

3. **pensar + Verb in Grundform – vorhaben, gedenken zu tun**

¿Qué piensas hacer en verano?   Was hast du im Sommer vor?
Pienso ir a Ecuador.   Ich habe vor, nach Ecuador zu fahren.
¿Qué piensas hacer esta tarde?   Was hast du heute abend vor?
Pienso ir a bailar.   Ich habe vor, tanzen zu gehen.
¿Piensas hacer eso?   Hast du vor, so etwas zu machen?
Sí, pienso hacerlo.   Ich gedenke, es zu tun.

Bitte beachten:

Während im Deutschen »vorhaben« ohne weitere Bestimmung gebraucht werden kann, darf man im Spanischen nach **pensar** nie das Verb **hacer** weglassen!

¿Qué piensas hacer?   Was hast du vor
     (zu machen)?

¿Qué piensas?   Was denkst du?

4. **pensar mal – mißtrauisch sein /**
                das schlechteste annehmen

Expresiones:

¡Ni pensarlo!   Nicht im Traum!
sin pensarlo   gedankenlos / unüberlegt
El día menos pensado ...   Eines schönen Tages ...
ser un mal pensado   immer das schlechteste denken
estar pensativo   nachdenklich sein

13 Las Navidades

Juan y Peter entran en un bar. No quedan mesas libres y se
sientan en unos taburetes que hay delante de la barra.

Camarero: ¿Qué vais a tomar?

Juan: Para mí un cortado, por favor.

Peter: Yo quiero una caña.

Juan: ¿Vas a ir en Navidades a Alemania?

Peter: No, no tengo suficiente dinero. Es la primera vez que
no voy a pasar las Navidades en mi casa. ¿Cómo se
celebran las Navidades en España?

Juan: El día de Nochebuena es muy familiar, pero es muy
alegre. Se come y se bebe muchísimo. También se
cantan villancicos, pero no hay regalos como en
Alemania. Los regalos se hacen el día 6 de enero.
Los niños ponen sus zapatos el día 5 por la noche
en la terraza y creen que los Reyes Magos traen los
regalos. El día 31 se llama Nochevieja y una
tradición típica española es tomar doce uvas a las
doce de la noche y chocolate con churros a las seis
de la mañana, después de bailar toda la noche.
Si quieres puedes pasar las Navidades con mi familia
y conmigo y así ves cómo se celebran.

Peter: Muchas gracias por la invitación. Estar solo en Navidades
es muy triste.

Pilar: ¡Hola, Juan! ¿Cómo has pasado las vacaciones?

Juan: Muy bien, gracias. Peter ha estado con nosotros y
nos lo hemos pasado muy bien. Y tú, ¿qué has hecho? ¿Has ido a
esquiar?

Pilar: Sí, he estado con mis padres. Hemos visitado a la familia y de vez
en cuando he ido a esquiar. También me lo he pasado muy bien.

Diálogo 1

Elena: ¿Qué has hecho hoy?
Pilar: Me he levantado muy tarde, he desayunado y después he ido a pasear.
A las 2 h he vuelto a casa y he preparado la comida.
Después de comer me he acostado un rato y por la tarde
he estado en casa de Juan.

Diálogo 2

Juan: ¿Dónde has estado esta tarde?
Teresa: He estado en el cine.
Juan: ¿Qué película has visto?
Teresa: He visto la película "Carmen".
Juan: ¿Te ha gustado?
Teresa: Sí, me ha gustado mucho.
Y tú, ¿qué has hecho?
Juan: Yo he estado en una fiesta de cumpleaños.
Teresa: ¿Cómo te lo has pasado?
Juan: Me lo he pasado muy bien.

Diálogo 3

Pepe: ¿Qué tiempo ha hecho este invierno en Alemania?
Karl: Este invierno ha hecho mucho frío. Ha llovido y ha nevado mucho.
También ha hecho mucho viento. ¿Y en España?
Pepe: En España no ha hecho mucho frío, pero también ha llovido mucho.

Diálogo 4

Pedro: ¿Por qué no habéis venido a comer hoy?
Carmen: Porque no hemos tenido tiempo. Hemos vuelto a casa a las tres.
Ya sabes que esta mañana hemos tenido que trabajar y hemos
terminado muy tarde.
Pedro: Entonces os espero esta noche para cenar porque he preparado una
empanada.
Carmen: Estupendo. A las ocho estamos en tu casa.

Chistes

Jaimito está haciendo travesuras toda la tarde. La mamá se cansa por
fin y dice:

Madre: Ya me has cansado. ¡Ahora mismo te vas a acostar!
Jaimito: Eso sí que es bueno ... Te cansas tú y yo soy el
que tiene que acostarse.

– ¡Qué elegante estás, Pepe! ¿A qué te dedicas?
– Vendo muebles.
– ¿Has vendido muchos?
– Todos los míos.

Gramática

Perfekt Indikativ   **Pretérito perfecto de indicativo**

Die Bildung des Perfekts erfolgt im Spanischen mit dem **Präsens** des Hilfsverbs **haber** (egal, ob im Deutschen sein oder haben steht) und dem **Partizip Perfekt** des Hauptverbs.

Präsens von **haber**: he, has, ha, hemos, habéis, han

Partizip Perfekt

1. **regelmäßiger Verben:**

Infinitiv	Partizip	Endung	Konjugation
trabajar	trabaj**ado**	**–ado**	1. (-ar)
comer	com**ido**	**–ido**	2. (-er)
vivir	viv**ido**	**–ido**	3. (-ir)

2. **unregelmäßiger Verben:**

decir	sagen	**dicho**	gesagt
hacer	machen	**hecho**	gemacht
abrir	öffnen	**abierto**	geöffnet
escribir	schreiben	**escrito**	geschrieben
morir	sterben	**muerto**	gestorben
poner	stellen, legen	**puesto**	gestellt, gelegt
romper	zerbrechen	**roto**	zerbrochen, kaputt
ver	sehen	**visto**	gesehen
volver	zurückkommen	**vuelto**	zurückgekommen

Beispiele

trabajar arbeiten		**comer** essen		**decir** sagen	
he	trabajado	he	comido	he	dicho
has	trabajado	has	comido	has	dicho
ha	trabajado	ha	comido	ha	dicho
hemos	trabajado	hemos	comido	hemos	dicho
habéis	trabajado	habéis	comido	habéis	dicho
han	trabajado	han	comido	han	dicho

Gramática

1. Das **Partizip** ist im Perfekt immer **unveränderlich**. Das Hilfsverb **haber** und das Partizip dürfen nicht getrennt werden. **Reflexiv- oder Personalpronomen** stehen davor.

(No) me he lavado	Ich habe mich (nicht) gewaschen.
¿(No) me ha llamado Juan?	Hat Juan mich (nicht) angerufen?

2. Die **Modalverben**

können – poder	wollen – querer
müssen – tener que	sollen – deber usw.

bleiben in der Perfekt-Konjugation **nicht** im **Infinitiv**, wie im Deutschen.

No he podido dormir.	Ich habe nicht schlafen können.
He tenido que hacerlo.	Ich habe es machen müssen.

Gramática

Gebrauch des Perfekts

1. Das Perfekt bezeichnet eine **Handlung**, die zwar in der Vergangenheit begann, jedoch **selbst** oder mit ihren **Auswirkungen** bis in die **Gegenwart** heranreicht.

Siempre he fumado mucho.	Ich habe immer viel geraucht.
He escrito a mi padre.	Ich habe meinem Vater geschrieben.

2. Das Perfekt dient auch zur Bezeichnungen von Handlungen, die in einem **Zeitraum** abgeschlossen wurden, der **noch nicht beendet** ist, wie:

hoy, esta semana, este mes, este año, este siglo

¿Qué has hecho hoy?	Was hast Du heute gemacht?
Esta semana no he trabajado.	Diese Woche habe ich nicht gearbeitet.
Este año he estado en Perú.	Dieses Jahr bin ich in Peru gewesen.

3. Das Perfekt wird auch verwendet, wenn **kein Zeitpunkt** angegeben ist.

¿Has estado (alguna vez) en París?	Bist du (schon einmal) in Paris gewesen?

4. Das Perfekt wird auch gebraucht mit **Adverbien** wie:

ya (schon), todavía (noch), nunca (nie), siempre (immer),
también (auch), tampoco (auch nicht) etc.

Ya ha comido.	Er/sie hat schon gegessen.
Todavía no hemos comido.	Wir haben noch nicht gegessen.
¿Nunca ha estado Ud. aquí?	Sind Sie nie hier gewesen?

Bitte beachten:

1. **Siempre**, **ya** und **todavía** können **vor** oder **nach** dem Verb stehen.

Ya he comido.	He comido **ya**.
Todavía no he comido.	No he comido **todavía**.

2. Wenn **nunca**, **tampoco**, **nada** und **nadie nach dem Verb** stehen, so muß die zusätzliche Negation **no vor** dem Verb stehen.

No he estado **nunca** aquí.	**Nunca** he estado aquí.
Yo **no** he comido **tampoco**.	Yo **tampoco** he comido.
No ha venido **nadie**.	**Nadie** ha venido.

Español Actual – Lehrbuch 1 © FELDHAUS VERLAG, Hamburg

madre de Pilar:	¡Dígame!
Juan:	¿Está Pilar, por favor?
madre:	¿De parte de quién?
Juan:	De Juan.
madre:	Un momento, por favor ... Pilar, es para ti.
Pilar:	¿Sí?
Juan:	¡Hola, Pilar! Soy Juan ¿Has hablado ya con Peter y Karl?
Pilar:	Sí, los he visto esta mañana en la Universidad y me han dicho que dan una fiesta de despedida el sábado porque la semana próxima regresan a Alemania. También me han invitado a ir a su casa en verano.
Juan:	A mí también me han invitado, pero el viaje es muy caro y no sé si voy a poder ir. ¿Y tú?
Pilar:	No lo sé tampoco. ¿Crees que les ha gustado vivir aquí? Me ha parecido que tienen muchas ganas de volver a Alemania.
Juan:	Después de vivir aquí ocho meses es lógico, pero a mí me han dicho que ha sido una experiencia muy interesante para ellos y que han aprendido mucho español. Han visitado muchos lugares y han conocido a mucha gente.
Pilar:	Juan, tengo que terminar porque mi madre me está llamando para comer. ¿Nos vemos el sábado en la fiesta?
Juan:	Si quieres te voy a buscar a las 7 h.
Pilar:	Me parece muy bien. ¡Hasta el sábado!
Juan:	¡Adiós!

Personalpronomen   **Pronombres personales**

Es gibt im Spanischen zwei Arten von Personalpronomen:

Verbundene oder **unbetonte** Personalpronomen

Diese Formen ohne Präposition sind die häufigsten und können nur als Dativ- oder Akkusativobjekt in Verbindung mit einem Verb verwendet werden. Sie können **nie** allein stehen.

Unverbundene oder **betonte** Personalpronomen

Diese Formen können für sich allein stehen, oder zusammen mit den unbetonten Formen gebraucht werden.

(**betonte** Formen)	(**unbetonte** Formen)
a mí	me
a ti	te
a él, a ella, a Ud.	le
a nosotros	nos
a vosotros	os
a ellos, a ellas, a Uds.	les

Alle Formen sind beim Dativ und Akkusativ gleich, außer der
3. Person Akkusativ der unbetonten Form.

lo, la (ihn, sie, es) für **Sachen**
le/lo (ihn) , la (sie, es) für **Personen**

Gebrauch

Die **unbetonten** Formen werden im Dativ und Akkusativ gebraucht, wenn sie nicht mit einer Präposition verbunden sind. Sie treten nur **in Verbindung mit einem Verb** auf und werden deshalb auch verbundene Personalpronomen genannt.

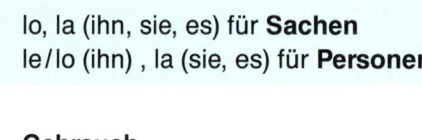

Die **betonten Formen** werden gebraucht:

1. Wenn das unbetonte Personalpronomen besonders **hervorgehoben** werden soll, so wird **die entsprechende betonte Form** als redundantes Personalpronomen **hinzugefügt**.

Me gusta Goya.	Goya gefällt mir.
A mí me gusta Goya.	Mir (persönlich) gefällt Goya. (besonders betont)

2. **Alleinstehend** (ohne Verb).

¿A quién le gusta?	Wem gefällt es?
A mí.	Mir.
¿Y a ti?	Und dir?
¿Y a usted?	Und Ihnen?

3. In Verbindung **mit anderen Präpositionen** (dann **entfällt** die Präposition **a**).

Esto es para mí / ti / él.	Das ist für mich / dich / ihn.
por mí	meinetwegen
sin él	ohne ihn

   Ausnahmen:

conmigo	mit mir
contigo	mit dir
entre tú y yo	zwischen dir und mir
según tú	deiner Meinung nach

4. Wenn bei der **3. Person** eine **Mehrdeutigkeit** entsteht.

Se lo he dicho.	Ich habe es ihm, ihr, ihnen, Ihnen gesagt.
Se lo he dicho **a ella**.	Ich habe es ihr gesagt.

Bitte beachten: Le wird vor **lo** bzw. **la** zu **se**.

Beachten Sie auch die Übersetzung:

A mí me gusta bailar.	Ich tanze gern.
A mí también.	Ich auch.
A mí no.	Ich nicht.
A mí no me gusta viajar.	Ich reise nicht gern.
A mí tampoco.	Ich auch nicht.
A mí sí.	Ich schon.

Expresiones usuales

Tiene que ponerse a la cola.	Sie müssen sich anstellen.
¿Quién es el último?	Wer ist der letzte?
¿A quién le toca?	Wer ist an der Reihe?
Me toca a mí.	Ich (bin an der Reihe).
Te toca a ti.	Du bist dran.
Se ha colado.	Er/sie hat sich vorgedrängt.

Adverbien   **Adverbios**

aquí	hier	allí/ahí	dort
a veces	manchmal	muchas veces	oft
siempre	immer	nunca	nie
ya	schon	ya no	nicht mehr
también	auch	tampoco	auch nicht
pronto	bald	todavía (no)	noch (nicht)
temprano	früh	tarde	spät
sólo	nur	ahora	jetzt
bastante	ziemlich	quizá(s)	vielleicht
casi	fast	apenas	kaum
		demasiado	zu viel, zu (+ Adjektiv)

Español Actual – Lehrbuch 1 © FELDHAUS VERLAG, Hamburg

Sr. Don
Miguel Sánchez
c/Alcalá, nº 8, 2º
Madrid
España

El Sr. Müller vive en Colonia. La semana próxima tiene que ir a Madrid en viaje de negocios. Quiere aprovechar la ocasión para visitar a sus amigos españoles y les escribe una carta.

Colonia, 23 de enero de 1990

Queridos amigos:

Tengo que ir unos días a Madrid por mi trabajo y he tomado unos días más de vacaciones para estar con vosotros y visitar los alrededores de Madrid.
Llegaré el día 2 de febrero. Iré en avión. El avión llegará al aeropuerto de Barajas a las 17:30 h.
La empresa donde trabajo ya ha reservado una habitación en el Hotel Victoria, que creo no está muy lejos de vuestra casa. Os llamaré nada más llegar.
Un fin de semana me gustaría visitar Toledo. Me han dicho que es una ciudad muy bonita e interesante y todavía no he estado allí. ¿Os gustaría acompañarme? Me alegraría mucho.

Un abrazo y besos a los niños. Un saludo muy cordial de mi familia.

Tomas Müller

En el hotel

Sr. Müller:	Buenas tardes. He reservado una habitación a nombre del Sr. Müller.
Recepcionista:	¿Es una habitación doble?
Sr. M.:	No, individual con baño.
Recepcionista:	Sí, señor. Hay una reserva para 15 días con pensión completa.
Sr. M.:	La segunda semana me gustaría tener la habitación con media pensión ya que quiero visitar los alrededores. ¿Sería posible?
Recepcionista:	Sí, señor. No hay ningún problema. Aquí tiene la llave de su habitación. Es la habitación número 315. Está en el tercer piso. El ascensor está al fondo a la derecha. ¿Me puede dar su pasaporte, por favor?
Sr. M.:	Sí, tenga.
Recepcionista:	Muchas gracias.
Sr. M.:	¿A qué hora es el desayuno, por favor?
Recepcionista:	De 8 a 10.
Sr. M.:	¿Me podría llamar mañana a las 8 h?
Recepcionista:	Con mucho gusto.

          Español Actual – Lehrbuch 1 © FELDHAUS VERLAG, Hamburg

Un señor entra en un hotel y pregunta al recepcionista:

– ¿Cuánto cuesta una habitación individual en este hotel?
– Depende, en el primer piso cuesta 12.000 ptas.
– ¿Y en el segundo?
– En el segundo vale 10.000 ptas.
– ¿Y en el tercer piso?
– En el tercero cuesta 8.000 ptas., señor.
– ¿Y en el cuarto?
– En el cuarto son 6.000 ptas.
– ¿Y en el quinto?
– Lo siento, señor, pero este hotel sólo tiene 4 pisos.
– La verdad es que este hotel está muy bien, pero,
  desgraciadamente, es demasiado bajo para mí.

15 Gramática

Futur und Konditional **Futuro y Condicional**

1. Regelmäßige Verben

Futur				
	hablar		**é**	hablar**é**
			ás	hablar**ás**
			á	hablar**á**
	comer	+	**emos**	hablar**emos**
			éis	hablar**éis**
	vivir		**án**	hablar**án**

Konditional				
	hablar		**ía**	hablar**ía**
			ías	hablar**ías**
			ía	hablar**ía**
	comer	+	**íamos**	hablar**íamos**
			íais	hablar**íais**
	vivir		**ían**	hablar**ían**

2. Unregelmäßige Verben

	Stamm	**Futur**	**Konditional**
tener	tendr-	**é**	**ía**
poner	pondr-		
venir	vendr-	**ás**	**ías**
salir	saldr-		
		á	**ía**
haber	habr-		
poder	podr-	**emos**	**íamos**
saber	sabr-		
		éis	**íais**
querer	querr-		
decir	dir-	**án**	**ían**
hacer	har-		

Beispiele:

	Futur	**Konditional**
	tendr**é**	tendr**ía**
	tendr**ás**	tendr**ías**
	tendr**á**	tendr**ía**
	tendr**emos**	tendr**íamos**
	tendr**éis**	tendr**íais**
	tendr**án**	tendr**ían**

Español Actual – Lehrbuch 1 © FELDHAUS VERLAG, Hamburg

Bildung und Anwendung des Futur I

Das erste Futur (Futuro imperfecto) wird gebildet, indem an
die volle Form des Infinitivs die Endungen

-é, -ás, -á, -emos, -éis, -án

angehängt werden. Sie entsprechen den Formen des **Präsens** von **haber**:

h**e**, h**as**, h**a**, h**emos**, hab**éis**, h**an**

Diese Endungen sind für alle drei Konjugationen **ohne Ausnahmen**
gleich. Die Unregelmäßigkeiten treten nur im **Stamm** auf.

Das erste Futur wird gebraucht, um :

1. Einen in der **Zukunft** liegenden **Vorgang** oder **Zustand** zu bezeichnen.

   En verano iré a España.   Im Sommer werde ich nach Spanien fahren.

2. Eine **Vermutung** in der Gegenwart auszudrücken.

   Serán las tres.   Es wird wohl 3 Uhr sein.

Bildung und Anwendung des Konditionals I

Der Konditional entspricht häufig der deutschen Möglichkeitsform
mit **würde.** Der Konditional I wird gebildet, indem man an die volle
Form des Infinitivs die folgenden Endungen anhängt:

-ía, -ías, -ía, -íamos, -íais, -ían

Die Endungen sind für alle drei Konjugationen gleich. Die **Änderungen
im Stamm** treten bei den gleichen Verben wie im **Futur** auf.

Gramática

Der erste Konditional wird gebraucht:

1. Um eine Frage **höflicher** zu formulieren.

   ¿Podría decirme dónde está la calle ...?   Könnten Sie mir sagen, wo die ... Straße ist?

2. Wenn eine Handlung nur unter einer **gewissen Bedingung** eintritt.

   Con un millón de marcos me compraría una casa. Mit einer Million Mark würde ich ein Haus kaufen.

3. Als **Rat** oder als **Vorschlag**.

   Deberías estudiar más.   Du solltest mehr lernen.
   En verano podríamos ir a España.   Im Sommer könnten wir nach Spanien fahren

4. Um **persönliche Wünsche** auszudrücken.

   Me gustaría ir a España.   Ich würde gerne nach Spanien fahren.

Bitte beachten:

Anstelle von **querría** (Konditional von "querer" — ich möchte/hätte gerne) wird meist **quisiera** (Konjunktiv Imperfekt) verwendet.

   Quisiera una blusa.   Ich hätte gerne/möchte eine Bluse.

5. Um eine Vermutung in der Vergangenheit auszudrücken.

   Serían las dos.   Es dürfte 2 Uhr gewesen sein.
   Llegaría a las ocho.   Er/sie/es dürfte um 8 Uhr angekommen sein.

En un restaurante

A: ¿Hay una mesa libre para cuatro personas?
B: Sí, señores. Al fondo, a la derecha.

A: ¿Me puede traer la carta, por favor?
B: En seguida, señor. ¿Qué desea para beber?
A: Una caña, por favor.
B: ¿Qué va a tomar de primero?
A: Un gazpacho y de segundo chuletas de cordero con patatas
   fritas y ensalada mixta.
B: ¿Y de postre?
A: Un flan, por favor.

A: Camarero, tráigame la cuenta, por favor.

A: ¿Qué desean, señores?
B: ¿Qué nos recomienda?
A: Si les gusta el pescado, les recomiendo lenguado o merluza.
B: Muy bien, a mí tráigame merluza a la romana.
C: Yo prefiero lenguado.
A: ¿Desean una ensalada?
B: Sí, por favor, una ensalada andaluza.
A: ¿Y de postre?
B: Yo quisiera un helado.
C: Y yo fruta del tiempo.
A: ¿Y para beber?
C: Una botella de vino blanco del país.

C: ¡Que aproveche!
B: ¡Gracias, igualmente!
C: ¡Qué buena está la comida!
B: Sí, está muy rica.

C: ¡A tu salud!
B: ¡A la tuya!

B: Camarero, ¿nos podría traer la cuenta?
A: ¿Todo junto?
B: No, por separado.

Español Actual – Lehrbuch 1 © FELDHAUS VERLAG, Hamburg

A: La paella está muy buena. Pruébala.

B: Es que ya no puedo más.

A: ¿Quieres más vino?

B: Sí, un poco, por favor.

A: ¿Quieres un cigarrillo?

B: No, no fumo.

A: ¿Pedimos otra botella de vino?

B: Sí, es una buena idea.

A: Camarero, otra botella de vino y tráiganos la cuenta, por favor.

B: Hoy te invito yo.

A: No, ni hablar. Hoy pago yo.

En la barra:

A: ¡Oiga, por favor!
   ¿Me puede poner un cortado?

B: En seguida, señor.

A: ¿Cuánto es?

B: Son 50 ptas.

A: ¡Oiga, por favor! ¿Dónde están los servicios?

B: Al fondo, a la izquierda.

A: ¿Puedo llamar por teléfono?

B: Sí, claro. Al lado de los servicios hay un teléfono.

A: ¿Me puede cambiar 100 ptas. en monedas?

B: Por supuesto, señorita. ¿Quiere monedas de 25 ó de 50 pesetas?

A: De 25 pesetas, por favor.

B: Tenga.

Carta de Comidas y Bebidas

Sopas y ensaladas	Suppen und Salate
sopa de mariscos	Muschelsuppe
sopa de verdura	Gemüsesuppe
gazpacho	kalte Gemüsesuppe
ensalada de lechuga	Kopfsalat
ensalada de tomate	Tomatensalat
ensalada andaluza	gemischter Salat mit Thunfisch

Huevos	Eier
huevos fritos con jamón	Spiegeleier mit Schinken
tortilla española	spanisches Omelett mit Kartoffeln
tortilla francesa	einfaches Omelett

Legumbres	Gemüse
espárragos	Spargel
judías verdes	grüne Bohnen
zanahorias	Karotten
patatas	Kartoffeln

Pescados y Mariscos	Fisch und Muscheln
lenguado	Seezunge
merluza	Seehecht
atún	Thunfisch
calamares	Tintenfische
mejillones	Miesmuscheln
gambas	Krabben / Garnelen

Carne	Fleisch
chuleta de cerdo	Schweinekotelett
filete de ternera	Kalbsschnitzel
solomillo de vaca	Rinderfilet
cordero asado	Lammbraten
pollo	Hähnchen

Postres

flan de huevos
fruta del tiempo
helados variados
queso manchego

Nachtisch

hausgemachter Eierpudding
Obst nach Jahreszeit
gemischtes Eis
Käse (aus "La Mancha")

Bebidas

agua mineral con gas
agua mineral sin gas
botellín de cerveza
caña
vino blanco / tinto
jerez (dulce / seco)
café con leche
café solo
cortado
té

Getränke

Mineralwasser mit Kohlensäure
Mineralwasser ohne Kohlensäure
eine Flasche Bier
Bier vom Faß
Weißwein / Rotwein
Sherry (süß / trocken)
Kaffee mit Milch
Kaffee schwarz
Kaffee mit wenig Milch
Tee

16 Chistes

– ¿Cómo ha encontrado el filete el señor?
– Con dificultad. Escondido debajo de una patata.

– ¡Camarero, esto es intolerable! Hace más de una hora que he
  pedido una sopa y todavía no me la han traído.
– Paciencia, caballero – responde el camarero.
  Tenga usted en cuenta que se trata de una sopa de tortuga.

El dueño de un restaurante muy elegante dice a un camarero:
– ¿Ve usted a aquel señor que se ha puesto la servilleta alrededor del
  cuello? Pues vaya a hablar con él y dígale, educadamente y con cierto
  tacto, que éste es un respetable restaurante y no su casa.
El camarero se acerca al cliente y le dice:
– Perdone, señor, ¿corte de pelo o afeitado?

Español Actual – Lehrbuch 1 © FELDHAUS VERLAG, Hamburg

Un señor se acerca al jefe de estación de un pueblo pequeño y le dice:
– Le felicito.
– ¿Por qué me felicita usted?
– Pues porque por primera vez desde hace veinte años el tren llega hoy puntual.
– ¡Ah! Entonces no necesita felicitarme. Este es el tren que debería haber
  llegado hace tres horas.

El dueño de una casa escribe una carta a uno de sus inquilinos:
"Le recuerdo, señor Gómez, que hace un año que no me paga el
  alquiler del piso".
El señor Gómez contesta:
"Le invito a tomar una copa para celebrar el aniversario".

– Toma, Alberto, una carta para ti.
  ¿Quién te escribe?
– Mi hermano.
– Pero el papel está en blanco.
– Sí, es que hace tiempo que no nos hablamos.

Gramática

Die Präpositionen **vor** und **seit**

vor + Zeitpunkt – antes de

Los domingos nunca me levanto antes de las diez.	Sonntags stehe ich nie vor 10 Uhr auf.
No fumo nunca antes de la comida.	Ich rauche nie vor dem Essen.

vor + Zeitraum – hace

¿Cuándo has llegado?	Wann bist du angekommen?
Hace tres horas / dos días / un mes.	Vor 3 Stunden / 2 Tagen / 1 Monat.

vor + Ort – delante de

Te espero delante del hotel.	Ich warte auf dich vor dem Hotel.

seit + Zeitpunkt – desde

¿Desde cuándo estás aquí?	Seit wann bist du hier?
Desde las cinco. / Desde ayer.	Seit fünf Uhr. / Seit gestern.

seit + Zeitraum – desde hace
hace ... que
llevar + gerundio

¿Cuánto tiempo hace que estudias español?	Wie lange ist es her, daß du Spanisch lernst?
Hace un año que estudio español.	Ich lerne Spanisch seit einem Jahr.
Estudio español desde hace un año.	Ich lerne Spanisch seit einem Jahr.
Llevo un año estudiando español.	Ich lerne Spanisch seit einem Jahr.

seit + Verb – desde que + Verbo

Desde que estudio español ...	Seit ich Spanisch lerne ...

Español Actual – Lehrbuch 1 © FELDHAUS VERLAG, Hamburg

Beachte auch die folgenden Übersetzungen:

neulich	hace poco, hace poco tiempo, el otro día
damals	en aquel tiempo
seit damals	desde aquel tiempo, desde entonces
vor einiger Zeit	hace algún tiempo
vor langer Zeit	hace mucho tiempo
seit langer Zeit	desde hace mucho tiempo
Es ist lange her, daß ...	Hace tiempo que ...
schon (seit) immer	desde siempre
von hier	desde aquí
von weitem	desde lejos
von nun an	desde ahora en adelante, a partir de ahora

Redewendungen mit **estar**

estar rico, -a	gut schmecken
estar contento, -a / alegre	zufrieden / fröhlich sein (heute, zur Zeit)
estar medio muerto, -a	kaputt / erschöpft sein
estar de vacaciones	in Urlaub sein
estar de viaje	verreist sein
estar enamorado, -a	verliebt sein
estar de buen / mal humor	gut / schlecht gelaunt sein
estar de buen ver	noch gut aussehen
estar orgulloso de	stolz auf jemanden sein

Redewendungen mit **ser**

ser rico	reich sein
ser alegre	fröhlich sein (immer)
ser feliz	glücklich sein
ser desgraciado	unglücklich sein
ser orgulloso	stolz sein (von Charakter)

17 De tiendas

Diálogo 1

A: Buenos días.
B: ¿En qué puedo servirle?
A: Desearía un vestido de noche.
B: ¿De qué color?
A: Negro
B: ¿Qué talla tiene Ud.?
A: La 42.
B: ¿Le gusta éste?
A: ¿Me lo puedo probar?
B: Sí, por supuesto.

B: ¿Le sienta bien?
A: No, me queda un poco estrecho, ≠amplio
    además este modelo no me gusta mucho.
    ¿Tiene otro modelo?
B: Aquí tiene otro modelo en la talla 44.
A: Este vestido me sienta maravillosamente.
    Me lo quedo. ¿Cuánto cuesta?
B: 15.500 pesetas. Puede pagar en la caja,
    al fondo a la derecha.

Diálogo 2

A: Buenas tardes.
B: ¿Qué desea, por favor?
A: ¿Tiene minifaldas de piel?   Leder (verarbeitet)
B: Sí, claro. Tenemos todos los   ≠ cuero (cuir, peau
    modelos de última moda.   d'animal)
    ¿Qué talla necesita?
A: La 40.
B: ¿De qué color la quiere?
A: Pues.., blanca o roja.
B: ¿Le gusta ésta?
A: No está mal. ¿Me la puedo probar?
B: Naturalmente.

B: ¿Le gusta?
A: No mucho. ¿Tiene otra falda un poco más
    corta?
B: Sí, tengo otro modelo más corto,
    pero sólo queda en negro. Es la que está
    en el escaparate. ¿La ha visto?
A: Sí, no está mal. ¿Me la puede traer?
B: Sí, un momentito.

A: Ésta me queda muy bien. ¿Cuánto cuesta?
B: 9.750 pesetas.
A: ¡Vale! Me la llevo.

Diálogo 3

Un matrimonio entra con sus dos hijos en una tienda
para comprar unos pantalones al mayor.
– ¿Los atienden ya, señores?
– No, queremos unos vaqueros para el niño.
El dependiente les enseña unos y el niño se los prueba.
– ¿Te gustan? – le pregunta el padre.
– Sí, papá.
– ¿Y a ti, Matilde?
– Sí, le sientan muy bien.
Entonces el hermano pequeño dice bastante enfadado:
– ¿Por qué nadie me pregunta si me gustan a mí?
   Después de todo, el año que viene tendré que usarlos yo.

Hace tres meses que no te vemos, ¿qué ha pasado?
– Que me he casado.
– ¿En serio?
– ¿Es que se puede casar uno en broma?

– Me han recomendado este hotel. ¿Tienen ustedes un buen servicio?
– Señora, aquí se encontrará usted como en su casa.
– Entonces me voy.

Gramática

Übersetzung des Wortes **man**

1. Durch **se + Verb** in der 3. Person **Singular** oder **Plural**.

Se habla español.	Man spricht spanisch.
En España se hablan 4 idiomas.	In Spanien spricht man 4 Sprachen.

2. Durch **uno** bzw. **una**, wenn das Verb **reflexiv** ist oder wenn der **Sprecher sich einschließt**. *so dass ≠ „er ... sich ..."*

Uno/una se levanta tarde los domingos.	Sonntags steht man spät auf.
Uno/una no puede saber todo. No se puede saber todo.	Man kann nicht alles wissen.

3. Durch das Verb in der **dritten Person des Plurals,** wenn der Urheber ein Kollektiv ist (die Leute, die Menschen, die Nachbarn).

Dicen que va a llover.	Man sagt, daß es regnen wird.
Me han dicho que ...	Man hat mir gesagt, daß ...
Me dijeron que ...	Man sagte mir, daß ...
Nos han atendido muy bien.	Man hat uns sehr gut bedient.
¿Te han recomendado este hotel?	Hat man dir dieses Hotel empfohlen?
Lo han visto con otra.	Man hat ihn mit einer anderen gesehen.

Bitte beachten:

Wenn im Satz noch ein Personalpronomen wie: **me**, **te**, **le**, **lo**, **la**, **nos**, **os**, **las** oder **los** steht, kann man nur diese Konstruktion, mit dem Verb in der **dritten Person des Plurals**, verwenden.

4. Durch das unpersönliche **hay que** – man muß.

Hay que estudiar más.	Man muß mehr lernen.

SE HABLAN
TODOS
LOS
IDIOMAS
POR
SEÑAS.

Übersetzungsmöglichkeiten von **otro**

otro, -a, -os, -as, – ein anderer, ein weiterer, noch ein

otro kann im Spanischen mit dem bestimmten Artikel verbunden werden, aber nicht mit dem unbestimmten Artikel.

otro café	noch einen Kaffee
otro señor	ein anderer Herr
otra vez	ein anderes Mal, noch einmal, schon wieder
Eso es otra cosa.	Das ist etwas anderes.
en otros tiempos	in anderen (früheren) Zeiten
de un lado a otro	hin und her
otros detalles	weitere Einzelheiten / Details
en otro lugar	anderswo

Bitte beachten:

el otro día	neulich
otro día	ein anderes Mal, an einem anderen Tag

(passé) l'autre jour
(futur) un autre jour

Gramática

Übersetzungsmöglichkeiten von **quedar(se)**

quedar – übrig bleiben, noch vorhanden sein

¿Queda una habitación libre?	Gibt es noch ein freies Zimmer?
Ya no quedan entradas.	Es sind keine Eintrittskarten mehr übrig.
No queda otro/más remedio.	Es bleibt nichts anderes übrig.
No queda otra/más solución.	Es gibt keine andere Lösung.

quedar – sitzen, passen, stehen (Kleidung)

El vestido me queda bien.	Das Kleid steht mir gut.
Los zapatos me quedan grandes.	Die Schuhe sind mir zu groß.
Los pantalones me quedan estrechos/anchos.	Die Hose ist mir zu eng/zu weit.
La falda me queda corta/larga.	Der Rock ist mir zu kurz/lang.
Este modelo te queda mejor.	Dieses Modell steht dir besser.

quedarse (con) – behalten, nehmen (Kauf von Kleidung)

Quédese con la vuelta.	Behalten Sie das Wechselgeld.
Me quedo con estos pantalones.	Diese Hose nehme (kaufe) ich.

quedar – verbleiben, ausmachen, sich verabreden, sich treffen

¿En qué habéis quedado?	Wie seid ihr verblieben?
Hemos quedado mañana a las siete.	Wir haben ausgemacht, uns morgen um sieben Uhr zu treffen.
No hemos quedado en nada.	Wir haben nichts ausgemacht.
¿Quedamos a las ocho?	Wollen wir uns um acht Uhr treffen?

No puero, tengo cita : ich kann nicht, ich habe schon ein Treffen /RV.

quedarse – bleiben

Este verano me quedo en Valencia.	Diesen Sommer bleibe ich in Valencia.
Hoy me he quedado en casa todo el día.	Heute bin ich den ganzen Tag zu Hause geblieben.

Español Actual – Lehrbuch 1 © FELDHAUS VERLAG, Hamburg

18 ¡Dígame!

Juan: ¡Dígame!
Dolores: ¿Se puede poner Sara?
Juan: Creo que has marcado mal. Aquí no vive Sara.
¿Qué número has marcado?
Dolores: El 58 47 90.
Juan: Mi número es el 57 47 90. Te has equivocado.
Dolores: Lo siento mucho.
Juan: No te preocupes. Eso le puede pasar a cualquiera.
Dolores: Gracias y perdona por la molestia.
Juan: De verdad que no importa. Adiós.

Juan: ¡Dígame!
Pilar: ¡Hola, Juan! Soy Pilar. ¿Cómo estás?
Juan: Bien gracias, ¿y tú?
Pilar: Bien, gracias. ¿Tienes algún plan para esta tarde?
Juan: No, de momento no tengo ninguno. ¿Y tú?
Pilar: A mí me gustaría ir a bailar a algún sitio.
Juan: ¿A una discoteca?
Pilar: No, preferiría ir a alguna fiesta. En estas fechas
hay muchas fiestas en los pueblos de los alrededores.
Juan: A mí me gustaría más ir a cenar a algún restaurante.
Pilar: Bueno, podemos ir primero a cenar y luego a bailar.
¿O tienes alguna idea mejor?
Juan: No, no tengo ninguna idea mejor, pero sólo vamos a bailar
si deja de llover.
Pilar: De acuerdo. ¿Quedamos a las siete en tu casa?
Juan: Sí, me parece bien. Hasta las siete.

Juan: ¿Sí?

Pedro: ¡Hola, Juan! Soy Pedro. El sábado hacemos una fiesta en la Facultad y Mario me ha dicho que tú tienes muy buenos discos. ¿Nos puedes dejar algunos?

Juan: Nunca dejo ningún disco a nadie, pero si quieres podemos grabar algunos. ¿Tienes algo que hacer mañana?

Pedro: No, no tengo nada que hacer.

Juan: ¿Hay alguien mañana a las cuatro en tu casa?

Pedro: No, no hay nadie.

Juan: Estupendo. Entonces puedes venir primero a mi casa, cogemos algunos discos y después vamos a tu casa para grabarlos. Mis padres tienen mañana visita, por eso es mejor si vamos a tu casa. ¿Te parece bien?

Pedro: Me parece estupendo.

Juan: Bueno, entonces hasta mañana. Ahora tengo que irme porque he quedado con Pilar y llego tarde.

Pedro: Hasta mañana, Juan.

Juan: ¡Hola, Pilar! ¡Qué guapa estás! ¿Qué te has hecho en el pelo?

Pilar: He estado esta mañana en la peluquería y me lo he cortado un poco.

Juan: ¿Te has hecho una permanente? *Salon te coiffure*

Pilar: Sí. ¿Te gusta?

Juan: Sí, te queda muy bien.

Pilar: Muchas gracias.

Juan: No es un cumplido. Es la verdad. Bueno, vámonos. Tengo mucha hambre. ¿Tienes un cigarrillo?

Pilar: No, he dejado de fumar.

Juan: ¿Desde cuándo no fumas?

Pilar: Desde hace cinco días.

Chistes

Dos amigos se encuentran en la calle y uno dice:
– ¡Hola, Joaquín! ¿Puedes dejarme 1000 pesetas?
– Lo siento – contesta el otro –, pero sólo tengo 600 pesetas.
– Es igual, dámelas y me debes 400 pesetas.

Español Actual – Lehrbuch 1 © FELDHAUS VERLAG, Hamburg

Indefinitpronomen (Unbestimmtes Fürwort)   **El pronombre indefinido**

1. algo – etwas,   **nada** – nichts

¿Desea algo?	Möchten Sie etwas?
No quiero **nada**.	Ich möchte nichts.
Se ha ido **sin** decir **nada**.	Er / sie ist weggegangen ohne etwas zu sagen.
No tengo **nada** que decir.	Ich habe nichts zu sagen.

Nada steht meistens nach dem Verb mit vorangehender Negation **no**.

2. alguien – jemand,   **nadie** – niemand, keiner

Alguien und **nadie** werden nur für Personen verwendet. Beide können nur
im Singular feminin / maskulin verwendet werden.
Wenn **nadie** hinter dem Verb steht, muß **no** vor dem Verb stehen.

¿Ha llamado alguien?	Hat jemand angerufen?
No, **no** ha llamado **nadie**.	Nein, es hat niemand angerufen.
No, **nadie** ha llamado.	Nein, es hat niemand angerufen.

3. alguno, alguna (de)   – jemand (von), irgendjemand, irgendeiner, irgendwelche

algunos, algunas	– einige, ein paar
ninguno, ninguna (de)	– niemand (von), keiner

Alguno, **ninguno** werden sowohl für Dinge als auch für Personen
gebraucht. Vor männlichen Substantiven im Singular verlieren sie die
Endung **-o** (**algún, ningún**). **Ninguno** wird sehr selten im Plural verwendet.

algún día	an irgendeinem Tag, irgendwann
algunos días	einige Tage
alguna mujer	irgendeine Frau
ningún día	an keinem Tag
ninguno de nosotros	keiner von uns
en ninguna parte	nirgends, nirgendwo
No tengo **ningún** disco.	Ich habe keine Platte.
No tengo **ninguno**.	Ich habe keine.

Bitte beachten:

Verneinte Sätze kann man auch mit **alguno hinter dem Substantiv** bilden.

No tengo **ninguna** esperanza.	Ich habe keine Hoffnung.
No tengo esperanza **alguna**.	Ich habe keine Hoffnung.

Besondere Übersetzungen von **jemand**:

jemand anderes	otra persona (auch: otro)
Ich kenne einen gewissen jemand ...	Conozco a cierta persona ...
Weder du noch sonst jemand ...	Ni tú ni nadie ...
Ich sage es weder dir noch sonst jemandem.	No te lo digo ni a ti ni a nadie.

Doppelte Verneinung

ni (siquiera) – nicht einmal
no ... ni / ni ... ni – weder ... noch

Ni (siquiera) él lo sabe.	Nicht einmal er weiß das.
No lo sabe **ni** (siquiera) él.	Nicht einmal er weiß das.
(**No** tengo) **ni** idea.	(Ich habe) keine Ahnung.
No ha venido **ni** ha llamado por teléfono.	Er ist weder gekommen,
Ni ha venido **ni** ha llamado por teléfono.	noch hat er angerufen.

Beachte auch:

No dejo **ningún** disco **a nadie**.	Ich leihe niemandem eine Platte.
No pregunto **nunca nada a nadie**.	Ich frage nie jemanden etwas.

Se ha ido **sin** decir **nada**.	Er ist weggegangen, ohne etwas zu sagen.
Lo ha hecho **sin** preguntar **a nadie**.	Er hat es gemacht, ohne jemanden zu fragen.

Expresiones:

¡Ni pensarlo!	Nicht im Traum!
¡Ni mucho menos!	Selbstverständlich nicht!
Ni yo tampoco.	Ich auch nicht.

Übersetzungsmöglichkeiten von **dejar**

1. dejar – lassen; weg-, stehen-, liegen-, beiseite-, lassen

¿Me deja pasar?	Lassen Sie mich vorbei?
Deja el libro en la mesa.	Laß das Buch auf dem Tisch liegen.
Mis padres no me dejan salir hoy.	Meine Eltern lassen mich heute nicht ausgehen.

2. dejar / prestar – (aus)leihen

¿Me dejas mil pesetas?	Kannst du mir 1000 Peseten leihen?

3. dejar de + Infinitiv – aufhören zu, unterlassen

He dejado de fumar.	Ich habe aufgehört zu rauchen.
¿Puede dejar de hacer eso?	Können Sie das bitte unterlassen?

4. no dejar de + Infinitiv – nicht aufhören zu

No deja de llover.	Es hört nicht auf zu regnen.

5. dejar – verlassen, im Stich lassen

Me ha dejado mi novia.	Meine Freundin hat mich verlassen.

6. dejar – verschieben, vertagen

Lo podemos dejar para otro día.	Wir können es auf einen anderen Tag verschieben.

Bitte beachten:

1. **Etwas machen lassen** wird **nicht** mit **dejar** übersetzt.

Ich habe mir die Haare schneiden lassen.	Me he cortado el pelo.
Ich habe mir einen Anzug machen lassen.	Me he hecho un traje.

2. **Laßt uns (wollen wir) …** wird mit **vamos a** + **Infinitiv** oder mit **Imperativ, 1. Pers. Plural** übersetzt.

Laßt uns gehen.	Vámonos/vamos.
Laßt uns anfangen.	Vamos a empezar.

3. **Lassen** bleibt oft unübersetzt.

Ich habe mir sagen lassen …	Me han dicho …
Mein Vater läßt dich herzlich grüßen.	Mi padre te saluda cordialmente.

Expresiones

¡Deja!	Laß (mal)!
¡Déjame en paz/tranquilo!	Laß mich in Ruhe!
¡Déjate de bromas!	Laß die Späße beiseite!
¡Déjate de tonterías!	Hör auf mit dem Unsinn!
¡Dejémoslo así!	Lassen wir es dabei/gut sein.
Esto deja mucho que desear.	Das läßt viel zu wünschen übrig.

Refrán

No dejes para mañana lo que puedas hacer hoy.	Was du heute kannst besorgen, das verschiebe nicht auf morgen.

En una agencia de viajes

Juan:	¿Podría decirme qué trenes salen mañana para Santander?
Empleado:	Hay un Talgo a las once de la mañana y un Expreso que sale a las nueve de la noche.
Juan:	¿A qué hora llegan a Santander?
Empleado:	El Talgo llega a las seis de la tarde y el Expreso a las siete de la mañana.
Juan:	¿Y no hay ninguno por la noche, después de las nueve?
Empleado:	Solamente el Correo, pero para en todas las estaciones.
Juan:	Bueno, entonces tomaré el Expreso. ¿Lleva literas?
Empleado:	Sí, pero para mañana no queda ninguna litera.
Juan:	Entonces, déme dos billetes de primera clase.
Empleado:	¿Solamente ida?
Juan:	No, ida y vuelta.
Empleado:	¿Desea Ud. reserva de asiento?
Juan:	¿Cree Ud. que es necesario?
Empleado:	Sí, es mejor. En esta época del año viaja mucha gente.
Juan:	Está bien. Entonces con reserva.
Empleado:	¿Para cuándo quiere la vuelta?
Juan:	Para el 8 de julio.
Empleado:	Aquí tiene sus billetes. Son 10.500 ptas.
Juan:	Muchas gracias.

19

En la estación

Juan: Oiga, por favor, ¿de qué andén sale el tren para Santander?
Señor: Debe de salir del andén número doce, pero todavía no ha llegado.
Juan: Muchas gracias. *Bahnsteig*
Señor: De nada.

En el tren

Juan: Perdone, señor, este asiento es mío.
Señor 1: ¿Tiene Ud. reserva?
Juan: Sí, aquí la tengo.
Señor 1: Debe de haber habido un error porque yo tengo el mismo asiento reservado.
             Si quiere, puede sentarse aquí a la derecha, este asiento está libre.
Juan: Muchas gracias. ¿Le molesta si fumo?
Señor 1: No, en absoluto. Por mí puede fumar. *≠ En absolutas: absolut nicht!*
Señor 2: Disculpe, pero este compartimento es para no fumadores.
             ¿Podría Ud. fumar en el pasillo?
Juan: Claro que sí, usted perdone.

Señor 1: ¿Sabe Ud. a qué hora llega el tren a Santander?
Señor 2: Creo que el tren lleva una hora de retraso. Llegaremos sobre las ocho.
Señor 1: ¿Qué hora es?
Señor 2: Deben de ser las cinco.

En Santander

Juan llega por fin a Santander. En la estación están esperándole su amigo Luis y una chica muy guapa.

Luis:	¡Hola, Juan! ¿Cómo estás?
Juan:	Muy bien, gracias, ¿y tú?
Luis:	Bien, gracias. Mira, Juan, te quiero presentar a mi novia Rosalía.
Juan:	Mucho gusto.
Rosalía:	Encantada. Luis me ha hablado mucho de ti. Me alegro mucho de conocerte.
Luis:	¿Qué tal el viaje? ¿Has podido dormir?
Juan:	Sí, he podido dormir un poco.
Luis:	Estupendo. Entonces, si te parece bien, podemos ir a la playa después de dejar las maletas en casa.
Juan:	Me parece estupendo. Tengo muchas ganas de ir a la playa.

Gramática

Übersetzungsmöglichkeiten von **deber (de) / deberse**

devoir / müssen

1. **deber + Infinitiv – müssen, sollen, dürfen**

Debe tener razón.	Er muß Recht haben.
No debes hacerlo.	Das sollst du nicht tun.
Los niños no deben fumar.	Die Kinder dürfen nicht rauchen.

2. **deber de + Infinitiv – (eigentlich) müssen, sollen (Möglichkeit, Vermutung)**

Debe de ser así.	Es muß (eigentlich) so sein.
Deben de ser las siete.	Es muß wohl sieben Uhr sein.
Debe de estar enfermo.	Er muß wohl krank sein.

In der Umgangssprache wird **de** häufig weggelassen, was aber nicht als korrekt gilt.

3. **deber – schulden**

Me debes 1000 ptas.	Du schuldest mir 1000 Peseten.
Le debo una carta / una visita.	Ich bin ihm eine(n) Antwort / Besuch schuldig.
Le debes una explicación.	Du bist ihm eine Erklärung schuldig.
¿Qué le debo?	Was bin ich Ihnen schuldig?

4. **deber – sollen (Vorschlag)**

Deberías estudiar más.	Du solltest mehr lernen.

5. **deberse – zurückzuführen sein, zuzuschreiben sein**

¿A qué se debe esto?	Worauf ist das zurückzuführen?
Esto se debe a tu falta de interés.	Das ist auf dein mangelndes Interesse zurückzuführen.

Español Actual – Lehrbuch 1 © FELDHAUS VERLAG, Hamburg

Bitte beachten:

1. **Sollen** bleibt unübersetzt in indirekten Fragesätzen, die von dem Verb „wissen" abhängen.

No sé qué hacer.	Ich weiß nicht, was ich machen soll.
No sé qué decirte.	Ich weiß nicht, was ich dir sagen soll.
¿Cómo lo voy a saber yo?	Woher soll ich das wissen?

2. **Sollen** bleibt auch unübersetzt in Bedingungssätzen.

Si alguien pregunta por mí ...	Sollte jemand nach mir fragen ...

3. **Sollen** wird auch nicht übersetzt (oder mit querer + Konjunktiv übersetzt), wenn man nach dem Wunsch oder Willen jemandes anderen fragt.

¿Te ayudo?	Soll ich dir helfen?
¿Lo hago?	Soll ich das machen?

Expresiones:

como es debido	wie es sich gehört
debido a	wegen, dank
debido a que	infolge davon, daß
a su debido tiempo	zur rechten Zeit
en buena y debida forma	ordnungsgemäß

¡Vivir para ver!

Un matrimonio va discutiendo por la calle:

– ¡En mi casa mando yo! ¿Comprendes? – dice la mujer.

– Entonces es que yo no existo, ¿no? ¿Es que no cuento
para nada? – contesta enfadado el marido.

– ¡Tú lo has dicho! Tú no cuentas para nada y te lo puedo
demostrar ahora mismo.

– ¡Esto es el colmo! ¡A ver, demuéstramelo! – dice el marido.

La mujer llama a un taxi y pregunta al taxista:

– Por favor, ¿cuánto costaría llevarme desde aquí hasta la
Puerta del Sol?

– Unas 400 ptas. – contesta el taxista.

– ¿Y si me acompaña mi marido?

– Lo mismo – responde, sorprendido, el taxista.

La mujer mira triunfante a su marido y le dice:

– ¿Lo has visto? Tú no cuentas para nada.

befehle ich

Un borracho saca una cerilla para encender un cigarrillo, pero no enciende.
Saca una tras otra y ninguna enciende. Finalmente, una de ellas enciende; la apaga y dice:
– ¡Hip ... hip ... ésta la guardo, es de las buenas!

Dos escoceses están en la playa y uno dice al otro:
– Te apuesto 1.000 ptas. a que puedo estar más tiempo debajo del agua que tú.
– ¡Vale! – dice el otro.
La policía todavía no ha encontrado los cadáveres.

20

A un condenado a muerte le preguntan unos minutos antes
de la condena:
– ¿Desea alguna cosa antes de morir? ¿Un cigarillo?
  ¿O prefiere un vaso de whisky?
– No, gracias.
– Mire, es habitual cumplir el último deseo de los condenados
  a muerte.
– ¡Ah!, entonces deseo aprender chino.

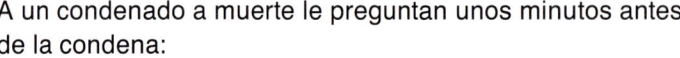

Español Actual – Lehrbuch 1 © FELDHAUS VERLAG, Hamburg

Tres señoras muy elegantes están hablando de lo que les gustaría haber hecho en la vida.

– A mí me gustaría haber inventado la televisión – dice una de ellas. El 70 % de la gente la ve.
– Pues a mí me gustaría haber inventado el teléfono – dice otra. El 80 % tiene teléfono.
– Pues a mí – dice la tercera – me gustaría haber inventado el papel higiénico ...

el civiento porciento

Gramática

Gruppenverben   **Verbos con irregularidades vocálicas**

Gruppenverben sind Verben, die im Präsens die gleichen Unregelmäßigkeiten aufweisen.

1. Verben, bei denen das **e** des Stammes, wenn es betont ist, zu **ie** wird (e → ie)

pensar denken, vorhaben	**entender** verstehen	**sentir** fühlen, bedauern
Präsens	Präsens	Präsens
p**ie**nso	ent**ie**ndo	s**ie**nto
p**ie**nsas	ent**ie**ndes	s**ie**ntes
p**ie**nsa	ent**ie**nde	s**ie**nte
pensamos	entendemos	sentimos
pensáis	entendéis	sentís
p**ie**nsan	ent**ie**nden	s**ie**nten

Wichtige Verben dieser Gruppe sind :

empezar (a)	anfangen
comenzar (a)	anfangen
recomendar	empfehlen
cerrar	schließen
sentarse	sich setzen
nevar	schneien
despertar(se)	wecken (aufwachen)
confesar	gestehen, zugeben
atender (a)	beachten, bedienen
encender	einschalten, anzünden
querer	wollen
perder	verlieren, verpassen
preferir	vorziehen
divertirse	sich amüsieren
mentir	lügen

2. Verben, bei denen das **o** des Stammes (beim Verb jugar das **u** des Stammes),
   wenn es betont ist, zu **ue** wird (o → ue)

contar (er-)zählen	**volver** zurückkehren	**dormir** schlafen
Präsens	Präsens	Präsens
c**ue**nto	v**ue**lvo	d**ue**rmo
c**ue**ntas	v**ue**lves	d**ue**rmes
c**ue**nta	v**ue**lve	d**ue**rme
contamos	volvemos	dormimos
contáis	volvéis	dormís
c**ue**ntan	v**ue**lven	d**ue**rmen

Español Actual – Lehrbuch 1 © FELDHAUS VERLAG, Hamburg

Zu dieser Klasse gehören u.a. folgenden Verben :

acostarse	ins Bett gehen
acordarse (de)	sich erinnern (an)
recordar	sich erinnern, jmd. an etwas erinnern
acordar	vereinbaren
apostar	wetten
encontrar(se)	finden, (sich) treffen
costar	kosten
probar	versuchen, probieren
demostrar	beweisen
mostrar	zeigen
rogar	bitten
jugar	spielen
doler	weh tun
devolver	zurückgeben
poder	können
soler + Inf.	pflegen zu + Infinitiv

3. Verben, bei denen das **e** des Stammes zu **i** wird, wenn die Endung nicht mit betontem **i** anfängt (**e → i**)

pedir bitten, bestellen	**corregir** verbessern	**seguir** folgen, weiter etwas tun
Präsens	Präsens	Präsens
pido	corrijo	sigo
pides	corriges	sigues
pide	corrige	sigue
pedimos	corregimos	seguimos
pedís	corregís	seguís
piden	corrigen	siguen

Folgende Verben gehören u.a. zu dieser Klasse:

impedir	(ver)hindern, vermeiden
vestir(se)	(sich) anziehen
despedir(se)	(sich) verabschieden
reírse (de)	lachen (über)
repetir	wiederholen
servir	dienen, servieren
conseguir	erreichen
elegir	(aus)wählen
perseguir	verfolgen

20 Gramática

Das Gerundium **El Gerundio**

Infinitiv:	tomar	comer	escribir
Gerundium:	tom**ando**	com**iendo**	escrib**iendo**

1. Das Gerundium ist immer **unveränderlich**.

2. Unbetontes **i** zwischen zwei Vokalen wird zu **y**: leer – le**y**endo.

3. Personal- und Reflexivpronomen werden an das Gerundium **angehängt** oder stehen **vor** dem Hilfsverb.

Levantándo**se** dijo ...	Aufstehend sagte er ...
Estoy lavándo**me** / **me** estoy lavando.	Ich wasche mich gerade.

Unregelmäßiges Gerundium

a) Bei den Verben der 3. Konjugation (-ir), bei denen sich im Präsens das **e** des Stammes in **ie** oder **i** verwandelt, wird das Gerundium auch unregelmäßig gebildet, und zwar wird das **e** zu **i**.

preferir	pref**i**riendo	vorziehen
pedir	p**i**diendo	bitten, bestellen
repetir	rep**i**tiendo	wiederholen
vestir(se)	v**i**stiéndo(se)	(sich) anziehen

b) Bei den Verben **oír, caer** und bei denen, die auf **-uir** enden, wird das **i** zu **y**.

oír	o**y**endo	hören
caer	ca**y**endo	fallen (lassen)
construir	constru**y**endo	bauen

c) Bei folgenden Verben ist das Gerundium ebenfalls unregelmäßig:

venir	viniendo	kommen
decir	diciendo	sagen
ir	yendo	gehen, fahren
poder	pudiendo	können, dürfen
dormir	durmiendo	schlafen
morir	muriendo	sterben

Español Actual – Lehrbuch 1 © FELDHAUS VERLAG, Hamburg

Gebrauch des Gerundiums im Hauptsatz

1. **Estar, ir, venir, llevar + gerundio**
   drücken eine Handlung von einer gewissen Dauer aus, die sich gerade vollzieht
   (am gebräuchlichsten ist **estar + gerundio**).

Estoy comiendo.	Ich esse gerade.
Los Sres. García van discutiendo por la calle.	Herr und Frau García streiten sich auf der Straße.
Llevo dos años viviendo aquí.	Ich wohne seit zwei Jahren hier.

2. **Seguir, continuar + gerundio** drücken die Fortsetzung einer Handlung aus.

¡Sigue leyendo!	Lies weiter!
¡Siga insistiendo!	Probieren (versuchen) Sie es weiter!
Continúo trabajando en la misma empresa.	Ich arbeite immer noch in derselben Firma.

Übersetzungsmöglichkeiten von **contar**

1. **contar – (ab)zählen, (be-, aus-)rechnen**

Ya he contado el dinero.	Ich habe das Geld schon abgezählt.
No sabe ni contar.	Er kann nicht mal rechnen.
No hemos contado los gastos.	Wir haben die Ausgaben (Kosten) nicht berechnet.

2. **contar – erzählen, sagen**

Cuéntame lo que ha pasado.	Erzähl mir, was passiert ist.
Me han contado / dicho ...	Man hat mir erzählt ...
¡A quién se lo viene / va a contar!	Wem erzählen Sie das!

3. **contar con alguien / algo – mit jemandem / etwas rechnen, zählen auf**

Cuento con tu ayuda.	Ich rechne mit deiner Hilfe.
Contamos contigo.	Wir rechnen mit dir.

   Expresiones

¿Es que yo no cuento para nada?	Soll das heißen, daß ich gar nichts zähle?
No me vengas con cuentos.	Erzähl mir keine Märchen.
No me cuentes historias.	Erzähl mir keine Geschichten.
¿Qué te cuentas?	Wie geht es dir?
¡Qué me cuentas!	Na, so was! Ist das möglich? (Was erzählst du da?)

21

¡Date prisa!

En casa de Juan y Teresa

Juan: ¿Todavía estás durmiendo? Hace una hora que ha sonado el despertador. ¡Venga, levántate ya y vístete!

Teresa: ¿Qué hora es?

Juan: Ya son casi las once.

Teresa: ¿Es tan tarde ya? Anda, sé bueno y prepárame el desayuno.

Juan: Bueno, pero date prisa. Marcos ha llamado por teléfono hace un rato y ha dicho que viene a buscarte a las doce. El avión sale a las tres y media y tenéis que estar dos horas antes en el aeropuerto.

Teresa: Juan, no sé que ponerme. ¿Qué vestido me pongo?

Juan: Ponte el vestido azul. Te sienta muy bien.

Teresa: ¿Nos llevas al aeropuerto?

Juan: ¿No os lleva el hermano de Marcos?

Teresa: No, ha dicho que no tiene tiempo.

Juan: Bueno, entonces os llevo yo.

Teresa: Muchas gracias. No sé qué haría sin ti.

En el aeropuerto

Marcos:	¿Nos podría decir dónde tenemos que entregar el equipaje?
Información:	Enséñeme sus billetes, por favor.
	A ver, para el vuelo de Iberia 658 con destino a París
	tienen que facturar el equipaje en la ventanilla número cinco.
Marcos:	Muchísimas gracias.
Azafata:	Déme sus billetes, por favor, y pongan las maletas
	en la báscula.
Marcos:	¿A qué hora hay que embarcar?
Azafata:	Lo anunciarán por el altavoz dentro de unos minutos.
Altavoz:	¡Atención, por favor! Señores pasajeros del vuelo de
	Iberia 658 con destino a París pasen por el control de
	pasaportes y diríjanse a la puerta de embarque número doce.
Juan:	Bueno, yo me voy. Os deseo un buen viaje.
Teresa:	Adiós, Juan y muchas gracias por todo.

21 Chistes

– Querida, – dice el padre de Jaimito a su mujer – ¡despiértate!, ya debe de ser hora de levantarse; Jaimito se ha dormido por fin.

Profesor: A ver, Jaimito, dime dos pronombres.
Jaimito: ¿Quién, yo?
Profesor: Muy bien, siéntate.

– Estoy enamorada de Enrique.
– Pues cásate con él.
– Te he dicho que estoy enamorada. No loca.

1 euro: 5 pesetas

La abuela de Jaimito le dice un día a Jaimito:
– Niño, toma estos veinte duros y dale la mitad a tu hermana.
Jaimito toma el dinero y le da cinco duros a su hermanita.
La abuela, entonces, le dice:
– Pero, niño, ¿es que no sabes cuál es la mitad de veinte duros?
– Yo, sí, pero mi hermanita no.

Español Actual – Lehrbuch 1 © FELDHAUS VERLAG, Hamburg

– ¿Tiene usted algo que declarar?
– No, nada.
– Abra la maleta y el bolso, por favor.
¿Qué contienen estas botellas?
– Agua de Lourdes.
– Pues yo diría que esto es coñac – dice el aduanero –,
después de examinar el contenido de las botellas.
– ¡Se ha producido un milagro! ¡Se ha producido un milagro!

Gramática

Der Imperativ (Befehlsform)   **El imperativo**

I. Regelmäßig bejahter Imperativ

	tomar	**comer**	**escribir**	**lavarse**
Singular				
2. Pers. (du – tú)	toma	come	escribe	lávate
3. Pers. (Sie – Ud.)	tome	coma	escriba	lávese
Plural				
1. Pers. (wir – nosotros)	tomemos	comamos	escribamos	lavémonos
2. Pers. (ihr – vosotros)	tomad	comed	escribid	lavaos
3. Pers. (Sie – Uds.)	tomen	coman	escriban	lávense

II. Unregelmäßige Formen

	(tú)	**(usted)**	*vosotros (esp. slt)*
estar	*estate*	*esté / estese*	
tener (haben)	ten	tenga	
hacer (machen)	haz	haga	
venir (kommen)	ven	venga	
poner (stellen)	pon	ponga	
salir (ausgehen)	sal	salga	
ser (sein)	sé	sea	
ir (gehen)	ve *(té)*	vaya *(se)*	
decir (sagen)	di	diga	
	ver	*mira*	

1. Der bejahte Imperativ der **2. Person Singular (Du-Form)** ist **identisch mit der 3. Person Singular Präsens Indikativ:**

toma	– er nimmt	come	– er ißt	se viste	– er / sie zieht sich an
¡toma!	– nimm!	¡come!	– iß!	¡vístete!	– zieh dich an!

Die einzigen unregelmäßigen Formen sind unter II erfaßt.

2. Der bejahte Imperativ der **2. Person Plural** (Ihr) wird **aus der Grundform** gebildet. Anstelle von **r** kommt **d**. Es gibt keine Ausnahme:

¡tomad! – nehmt!	¡comed! – eßt!	¡id! – geht!

In Lateinamerika existieren diese vosotros-Formen nicht. Die 2. Person Plural ist ebenfalls ustedes.

3. In der Umgangssprache werden die Formen **vayamos** und **vayámonos** von **ir** bzw. **irse** durch **vamos** bzw. **vámonos** ersetzt.

Vámonos / Vamos.	Laßt uns gehen. Los, gehen wir.

Bei den meisten anderen Verben wird die 1. Person Plural durch
vamos + Grundform ersetzt.

Vamos a comer (anstatt **comamos**).	Wir wollen essen. Los, gehen wir essen.

4. Das Verb **estar** wird im Imperativ fast immer **reflexiv** gebraucht:

¡Estáte quieto!	Sei ruhig! / Bewege dich nicht!

5. Das **Reflexivpronomen** und die (verbundenen) **Personalpronomen** werden an die Formen des **bejahten Imperativs angehängt**. Gegebenenfalls ist, zur Beibehaltung der ursprünglichen Betonung, ein **Akzent** zu setzen.

Lee el libro.	Lies das Buch.
¡Lée**lo**!	Lies es!
Haz los ejercicios	Mach die Übungen!
¡Haz**los**!	Mach sie!
¡Levánte**se**!	Stehen Sie auf!

Bitte beachten:

Wenn in einem Satz zwei Pronomen stehen, kommt erst der **Dativ**, dann der **Akkusativ**.

Explícanos la gramática.	Erkläre uns die Grammatik.
Explíca**nosla**	Erklären Sie sie uns.
Dame el libro.	Gib mir das Buch.
Dá**melo**.	Gib es mir.

Bei **reflexiven** Verben fällt in der **1. Person Plural** das **s** weg, und in der **2. Person Plural** das **d**.

sentemos + nos	→ **¡Sentémonos!**	Laßt uns setzen! Los, setzen wir uns!
levantad + os	→ **¡Levantaos!**	Steht auf!

Bitte beachten!

Bei zwei aufeinanderfolgenden Personalpronomen, die mit **l** beginnen, wird das erste der beiden (**le, les**) durch **se** ersetzt.

Explica la lección a María.	→	Explíca**sela**.

6. Besonderheiten

Bitte beachten Sie die orthographischen Veränderungen:

dirigirse	diríjase
sacar	saque

¿Qué hiciste el fin de semana?

Marcos: ¿Qué hiciste el sábado? Te llamé tres veces, pero no contestó nadie.

Teresa: El sábado fui con mis padres a visitar a mis abuelos y el domingo estuve en casa de unos amigos. Celebramos el cumpleaños de Rosa. Conoces a Rosa, ¿no?

Marcos: Creo que no la conozco.

Teresa: ¿No te acuerdas de ella? Hace dos años celebramos la Nochevieja en su casa.

Marcos: ¡Ah, sí! Ahora me acuerdo. ¿Te lo pasaste bien?

Teresa: Sí, me lo pasé muy bien. La fiesta fue muy divertida. Y tú, ¿qué hiciste el fin de semana?

Marcos: El sábado me quedé en casa y no hice nada especial. El domingo me levanté temprano y me fui a la piscina. Por la tarde salí con unos amigos. Fuimos a cenar y después estuvimos en una discoteca.

Teresa: ¿Qué vas a hacer esta tarde? ¿Tienes ganas de salir un rato?

Marcos: No, ayer me acosté a las cuatro y hoy estoy medio muerto.

Teresa: Sí, tienes mala cara. Entonces te llamo mañana.

Marcos: Hasta mañana, Teresa.

Diálogo 1

A: ¿A qué hora te levantaste ayer?

B: Me levanté a las nueve.

A: ¿Qué desayunaste?

B: Ayer no desayuné. Estoy a dieta. Esta semana ya he adelgazado dos kilos.

A: ¿Y tampoco comiste?

B: Sí, comí en un restaurante.

A: ¿Qué comiste?

B: Comí cordero asado y ensalada.

A: ¿Qué hiciste por la tarde?

B: Por la tarde me fui de juerga con unos amigos.

A: ¿A qué hora te acostaste?

B: Me acosté a las tres de la madrugada.

Diálogo 2

A: ¿A qué hora se levantó usted ayer?

B: Me levanté a las diez.

A: ¿No trabajó usted ayer?

B: No, ayer me quedé en casa.

A: ¿Qué hizo usted todo el día?

B: Limpié la casa, lavé la ropa, preparé la comida y por la tarde vi la televisión.

A: ¿A qué hora se acostó?

B: Me acosté a las doce.

Pretérito indefinido (Historische Vergangenheit)

1. Regelmäßige Verben

-ar	-er	-ir
tomar	**comer**	**escribir**
tomé	comí	escribí
tomaste	comiste	escribiste
tomó	comió	escribió
tomamos	comimos	escribimos
tomasteis	comisteis	escribisteis
tomaron	comieron	escribieron

2. Einige **unregelmäßige Verben**

estar	hacer	ir / ser
estuve	hice	fui
estuviste	hiciste	fuiste
estuvo	hizo	fue
estuvimos	hicimos	fuimos
estuvisteis	hicisteis	fuisteis
estuvieron	hicieron	fueron

Bitte beachten:

Das **-e** der 1. Person Singular und das **-o** der 3. Person Singular
bei den **unregelmäßigen Verben** haben keinen Akzent und werden
stammbetont.

Anwendung von Indefinido

Diese Zeit drückt eine **Handlung** aus, die zu einem bestimmten **Zeitpunkt** stattfand, oder in einem **abgeschlossenen Zeitraum** beendet worden ist. Dazu gehören einmalige oder aufeinander folgende Handlungen und Tätigkeiten, die sich nicht gewohnheitsmäßig wiederholen. Das **Ende der Handlung** muß im Satz ganz deutlich **zum Ausdruck** kommen, die Dauer spielt dabei keine Rolle. Daher gebraucht man diese Zeit mit Zeitangaben wie:

ayer	gestern
la semana pasada	letzte Woche
el año pasado	letztes Jahr
hace dos años	vor zwei Jahren
el otro día	neulich
hace poco	vor kurzer Zeit

Beispiele:

El domingo me levanté a las diez.	Am Sonntag stand ich um 10 Uhr auf.
Ayer estuve en el teatro.	Gestern war ich im Theater.
El otro día me encontré a Juan.	Neulich traf ich Juan.
El año pasado fui a España.	Letztes Jahr fuhr ich nach Spanien.

PAPÁ, ¿ TE CUENTO L QUE PASÓ AYER CON T COCHE O PREFIERES LEERLO EN EL PERIÓDICO ?

Español Actual – Lehrbuch 1 © FELDHAUS VERLAG, Hamburg

Unterschied zwischen **Perfekt** und **Indefinido**

Das **Indefinido** bezeichnet eine **abgeschlossene Handlung** in einer **abgeschlossenen Vergangenheit**. Beginn und Ende der Handlung finden in der Vergangenheit statt. Mögliche Auswirkungen auf die Gegenwart werden außer acht gelassen. Daher gebraucht man diese Zeit mit Zeitangaben wie:

ayer, la semana pasada, el año pasado, hace un año, usw.

Das **Perfekt** bezeichnet eine **Handlung**, die zwar in der Vergangenheit begann, jedoch **selbst** oder **mit** ihren **Auswirkungen** bis in **die Gegenwart** reicht. Das Perfekt steht daher in Verbindung mit adverbialen Ausdrücken, die sich auf einen **Zeitraum** beziehen, der **noch nicht beendet ist**, wie:

hoy, esta semana, este mes, este año, este siglo

oder:

ya, todavía, en este momento, hasta ahora, siempre

Beispiele:

¿Qué **has hecho** hoy?	Was hast du heute gemacht?
¿Qué **hiciste** ayer?	Was machtest du gestern?
Esta semana no **he trabajado**.	Diese Woche habe ich nicht gearbeitet.
La semana pasada **trabajé** mucho.	Letzte Woche arbeitete ich viel.
Siempre **he fumado** mucho.	Ich habe immer viel geraucht.
Anoche **fumé** muchísimo.	Gestern abend rauchte ich sehr viel.
Ya **hemos comido**.	Wir haben schon gegessen.
El domingo **comí** en casa de Juan.	Am Sonntag aß ich bei Juan.

Bitte beachten:

Im modernen Spanisch besteht **ein klarer Unterschied** zwischen **Perfekt** und **Indefinido**, sowohl in der literarischen Sprache als auch in der Umgangssprache. **Ausnahmen** gibt es in **Galicien** und **Asturien** und in **einigen Gebieten** in Lateinamerika.

Encuentros

Diálogo 1

A: ¿Cuándo has vuelto de tu viaje a Andalucía?

B: Llegué ayer.

A: ¿Estuviste en Granada?

B: Claro. Pasé tres días allí. Visité La Alhambra, el Generalife y el Sacromonte. Me gustó todo mucho. También estuve en Ronda, Sevilla, Jerez de la Frontera y en algunos pueblos de la famosa ruta de los pueblos blancos.

A: ¿Estuviste en Córdoba también?

B: No, no pude ir, no tuve tiempo.

A: ¿Fuiste a un "tablao" flamenco?

B: Sí, estuve en un "tablao" en Sevilla.

A: ¿Te gustó?

B: Sí, me gustó mucho.

Diálogo 2

A: ¿Qué hiciste ayer?

B: Fui al cine.

A: ¿Qué película viste?

B: Vi una película de Carlos Saura.

A: ¿Qué te pareció?

B: No me gustó mucho. La otra película de Saura que vimos el mes pasado me pareció más interesante.

Diálogo 3

A: ¿Dónde estuvisteis en las vacaciones de verano?

B: Visitamos a unos amigos en Santander. Se alegraron mucho de vernos.

A: ¿Fuisteis a la playa?

B: No, fuimos a los Picos de Europa. Nos gusta mucho escalar.

A: ¿Os lo pasasteis bien?

B: Sí, nos lo pasamos muy bien.

Español Actual – Lehrbuch 1 © FELDHAUS VERLAG, Hamburg

Diálogo 4

A: ¿Qué hiciste ayer? Te estuve esperando dos horas en mi casa. ¿Dónde te metiste? ¿Por qué no viniste?

B: Te llamé a las diez y no contestó nadie.

A: Esas no son horas de llamar un domingo. A esas horas estoy durmiendo.

B: ¡No me digas! Yo me levanté el domingo a las ocho.

A: ¡Madre mía! ¿Qué hiciste tan pronto?

B: Me duché, desayuné y a las diez me fui al Rastro.

A: ¿Compraste algo?

B: Sí, compré un cuadro para mi hermana. Es su cumpleaños la semana próxima.

A: ¿Cuánto pagaste por el cuadro?

B: Pagué 5.000 pesetas.

23

Diálogo 5

A: ¡Hola, Manolo! ¿Leíste ayer el periódico?
B: No, no lo leí.
A: ¿Y viste las noticias en la televisión?
B: No, no las vi tampoco. ¿Por qué? ¿Pasó algo importante?
A: Sí, ayer hubo un terremoto en Irán y murieron 40.000 personas.
  Pero, ¿qué hiciste ayer?
B: Ayer no hice nada en todo el día. Estuve todo el día durmiendo.

Diálogo 6

A: ¿Qué tiempo hizo la semana pasada en Madrid?
B: Hizo mucho frío y llovió, pero, afortunadamente, no nevó.
  Hace dos semanas nevó mucho y tuve un accidente con
  la moto.
A: ¿Se cayó usted de la moto?
B: Sí, me caí, pero, por suerte, no me pasó nada.
A: ¡Menos mal!

Diálogo 7

A: ¡Qué sorpresa, Ricardo! ¡Cuánto tiempo sin verte!
  ¿De dónde vienes?
B: De esquiar.
A: ¿Te lo has pasado bien?
B: No, muy mal. No te puedes imaginar la mala suerte que
  he tenido.
A: ¿Por qué? ¿Qué te ha pasado?
B: Primero me robaron la cámara fotográfica y 20.000 ptas.
  Después tuve un accidente esquiando. Y, por si fuera poco,
  ayer por la noche el tren llegó con dos horas de retraso. Sin
  darme cuenta me senté en primera clase y cuando llegó el
  revisor tuve que pagar 4.000 ptas de diferencia.
A: ¡Madre mía! A veces es mejor no ir de vacaciones.

Español Actual – Lehrbuch 1 © FELDHAUS VERLAG, Hamburg

– ¡Hola, Manolo! ¿De dónde vienes?
– De visitar a Julio en el hospital.
– Pero si ayer lo vi con una chica muy guapa.
– Sí y también lo vio su mujer.

– Ayer hice una apuesta con mi mujer que llegaría antes de las doce
  de la noche a casa.
– ¿Y ganaste?
– No, como soy un caballero la dejé ganar.

Una chica protesta al ver la comida que le sirve su padre. Éste,
enfadado, dijo:
"El lunes te gustaron las judías, el martes te gustaron las judías, el
miércoles te gustaron las judías. Y, de repente, hoy jueves, no
te gustan las judías. ¿Quién entiende a la juventud, hoy en día?"

Gramática

Indefinido – Unregelmäßige Verben   Indefinidos irregulares

poder	tener	venir	leer	caerse	decir
pude	tuve	vine	leí	me caí	dije
pudiste	tuviste	viniste	leíste	te caíste	dijiste
pudo	tuvo	vino	leyó	se cayó	dijo
pudimos	tuvimos	vinimos	leímos	nos caímos	dijimos
pudisteis	tuvisteis	vinisteis	leísteis	os caísteis	dijisteis
pudieron	tuvieron	vinieron	leyeron	se cayeron	dijeron

Gustar

Das Verb **gustar** (gefallen, schmecken) wird im **Indefinido** fast nur in der **3. Person Singular** bzw. **Plural** verwendet.

¿Te gustó la película?	Gefiel dir der Film?
Sí, me gustó mucho.	Ja, er gefiel mir sehr.
¿Te gustaron los discos?	Gefielen dir die Schallplatten?
Sí, me gustaron.	Ja, sie gefielen mir.

Verben mit orthographischen Veränderungen

Die Aussprache der Grundform eines Verbes muß bei der ganzen Konjugation beibehalten werden. Zur Erhaltung dieser Aussprache, oder zur Einhaltung orthographischer Regeln, können gewisse orthographische Veränderungen auftreten bei den Verben auf:

-car, -cer, -zar, -gar, -ger, -gir, -guir

1. Verben auf **-car**   **c** wird zu **qu** vor **e**

buscar	busqué
sacar	saqué

3. Verben auf **-zar**   **z** wird zu **c** vor **e**

cruzar	crucé
empezar	empecé

2. Verben auf **-cer**   **c** wird zu **z** vor **o** und **a**

convencer	convenzo
hacer	hizo

4. Verben auf **-gar**   **g** wird zu **gu** vor **e**

llegar	llegué
pagar	pagué

Español Actual – Lehrbuch 1 © FELDHAUS VERLAG, Hamburg

5. Verben auf **-ger** und **-gir**   **g** wird zu **j** vor **o** und **a**

    coger (nehmen)   cojo, coja
    dirigirse (sich wenden an)   me dirijo, diríjase

6. Verben auf **-guir**   **gu** wird zu **g** vor **o** und **a**

    seguir (folgen)   sigo, siga

7. Verben auf **leer, -aer, -oer** verwandeln das i in **y**, wenn es unbetont ist und zwischen zwei Vokalen steht:

    leer (lesen)   leyó
    oír (hören)   oyó
    caerse (stürzen, herunterfallen)   se cayó

Einige Verben mit orthographischen Veränderungen

auf **-car**

buscar	suchen
explicar	erklären
sacar	herausnehmen, (Fahrkarte,Eintrittskarte) lösen
equivocarse	sich irren
comunicar	mitteilen
acercarse(a)	sich nähern
tocar	anfassen, berühren, spielen (Instrumente)

auf **-gar**

llegar(a)	ankommen
pagar	bezahlen
rogar	bitten
entregar	abgeben, übergeben
negar	verleugnen, verneinen

auf **-zar**

cruzar	überqueren
comenzar	beginnen
empezar(a)	beginnen
organizar	organisieren
avanzar	vorwärts kommen, Fortschritt machen
utilizar	benutzen

auf -ger

coger	nehmen
escoger	(aus)wählen
recoger	abholen, aufräumen

auf -gir

elegir	(aus)wählen
dirigir	steuern, leiten, dirigieren

Übersetzungsmöglichkeiten von **parecer**

parecer – scheinen, aussehen als ob, (dazu) meinen, finden, recht sein

¿Qué te parece?	Was meinst du dazu?
Me parece bien / mal.	Es ist mir recht / nicht recht.
Me parece que ...	Es scheint mir, daß ...
Me ha parecido que ...	Es schien mir, daß ...
Me pareció que ...	Es schien mir, daß ...
Si te parece ...	Wenn du meinst / wenn es dir recht ist ...
¿No te parece muy caro?	Ist dir das nicht zu teuer?
La película no me pareció muy interesante.	Ich fand den Film nicht sehr interessant.
Al parecer ...	Anscheinend ...
A mi parecer ...	Meiner Meinung nach ...
Parece otra.	Sie scheint eine andere zu sein ...
Se parecen como dos gotas de agua.	Sie ähneln sich wie ein Ei dem anderen (wörtlich: wie 2 Wassertropfen).

Médico:	Buenas tardes, Don Enrique. ¿Cómo está Ud.?
Paciente:	No muy bien. Me siento mal. No puedo dormir y no tengo apetito.
Médico:	¿Le duele la cabeza o la garganta?
Paciente:	No, doctor.
Médico:	¿Tiene fiebre?
Paciente:	Creo que no.
Médico:	¿Qué enfermedades ha habido en su familia?
Paciente:	Ninguna. Mi abuelo murió a los 94 años. Mi padre vivió hasta los 88 y mi madre ya tiene 90. Y yo también quiero llegar a esa edad.
Médico:	¿Fuma Ud.?
Paciente:	No, nunca he fumado.
Médico:	¿Bebe alcohol?
Paciente:	Ni una gota.
Médico:	¿Tiene problemas amorosos o familiares?
Paciente:	No, tampoco. Estoy soltero y no tengo novia.
Médico:	¿Practica deportes?
Paciente:	No, es demasiado peligroso.
Médico:	Mire, no comprendo en absoluto por qué quiere vivir hasta los 90 años.

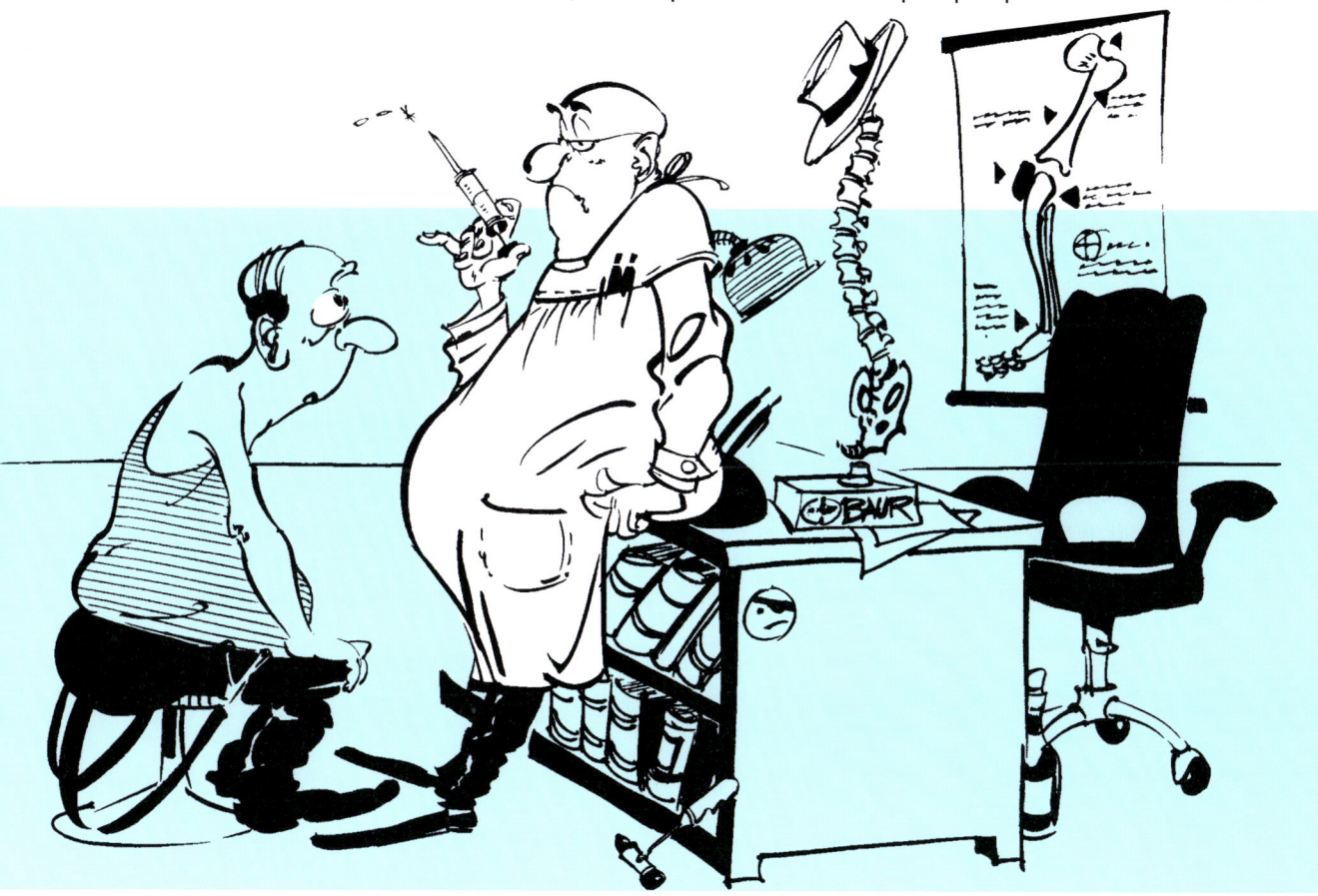

El cuerpo humano

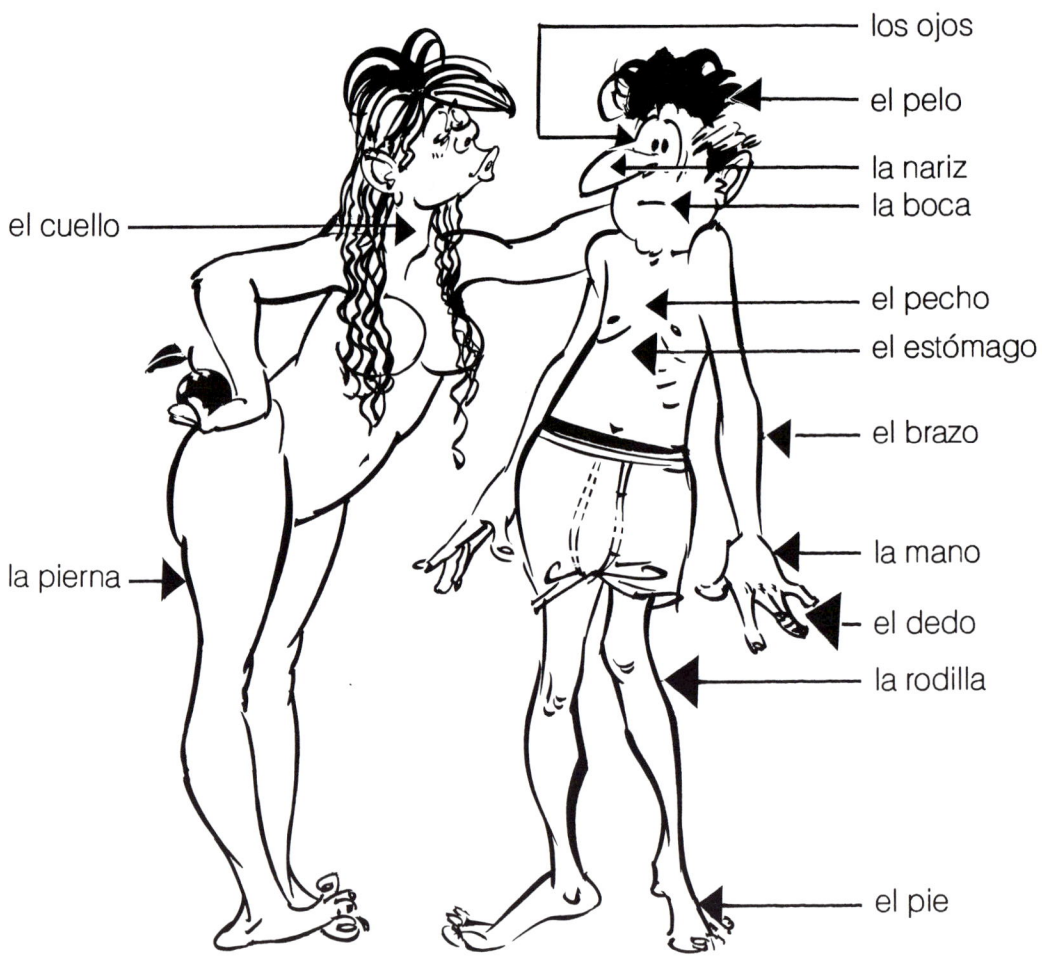

los ojos
el pelo
la nariz
la boca
el cuello
el pecho
el estómago
el brazo
la mano
la pierna
el dedo
la rodilla
el pie

la cara	das Gesicht	la oreja	das Ohr
la lengua	die Zunge	la espalda	der Rücken
los labios	die Lippen	el corazón	das Herz
la garganta	die Kehle, der Hals	el riñón	die Niere
los dientes	die Zähne	el hígado	die Leber
las muelas	die Backenzähne	el pulmón	die Lungen
las uñas	die Fingernägel	el estómago	der Magen
el pelo, el cabello	das Haar	la barriga	der Bauch
las nalgas	der Hintern (Popo)		
(vulgar: culo,			
pompis, trasero)			

Español Actual – Lehrbuch 1 © FELDHAUS VERLAG, Hamburg

Don Raimundo, un señor de cuarenta años, está casado con una jovencita de veinte. Un día Don Raimundo está muy enfermo y su mujer llama al médico de la familia. Después de examinar al enfermo el médico dijo:
– Señora, su marido necesita mucho descanso. Tenga este somnífero. Cada noche debe tomar dos pastillas.
– ¿A qué hora tiene que tomarlas?
– El somnífero no es para su marido, señora. ¡Es para usted!

Un soldado dice a otro:
– Pareces tonto, ¿por qué te rascas la cabeza sin quitarte la gorra?
– Perdona, hombre. Cuando te pica la rodilla, ¿te quitas los pantalones?

Una señorita, después de una operación de apéndice, pregunta al médico:
– ¿Se me verá mucho la cicatriz, doctor?
– Eso, señorita, depende de usted.

Chistes

– Doctor, ayer de repente sentí unos dolores terribles.
– ¿Dónde exactamente?
– En el tren, entre Madrid y Toledo.

Un señor le pregunta a su mujer:
– Lolita, ¿qué harás si me muero?
– Me volvería loca.
– ¿Te volverías a casar?
– ¡No, por Dios! Tan loca, no.

– ¡Qué suerte que no nací en Inglaterra!
– ¿Por qué?
– ¡Imagínate! Porque no sé ni una palabra de inglés.

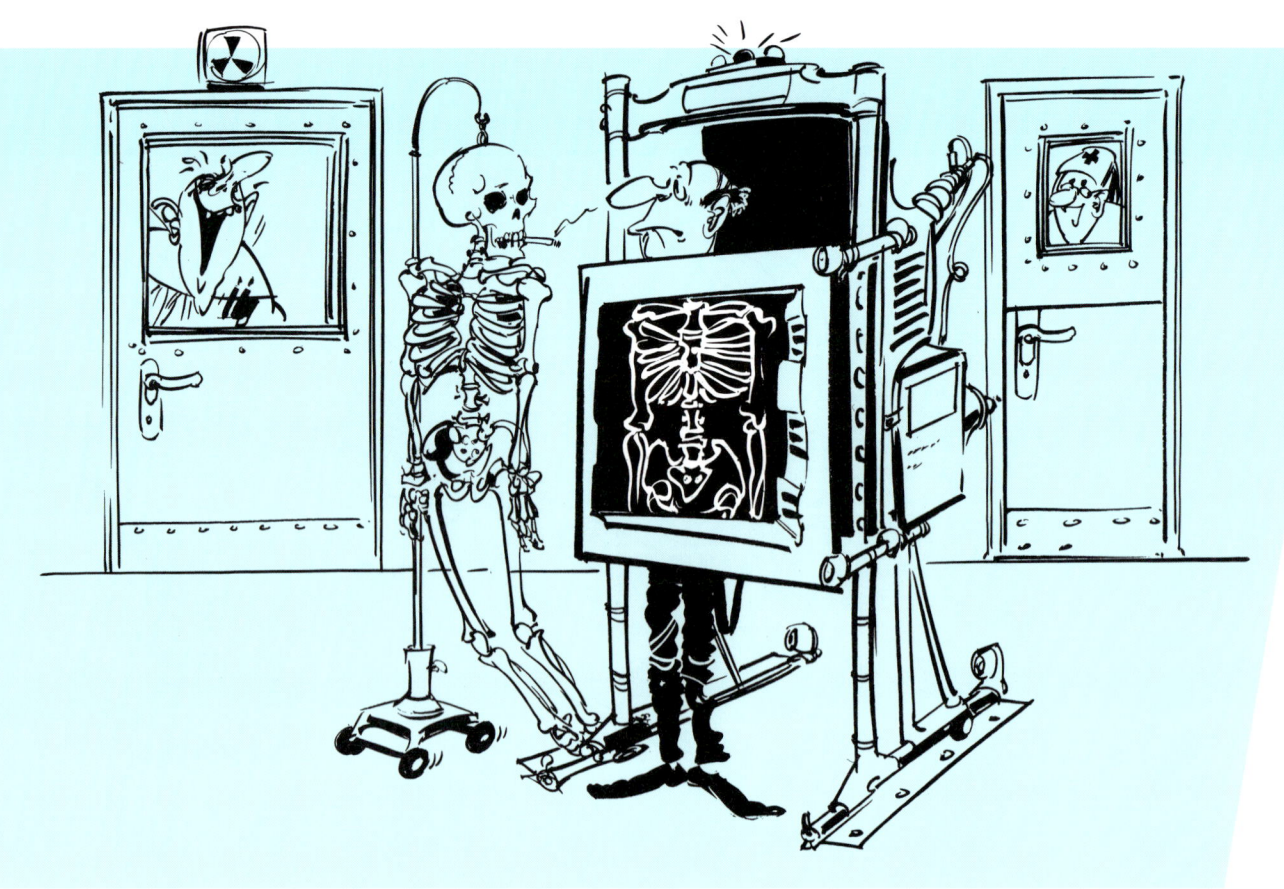

Übersetzungsmöglichkeiten von **werden**

1. **werden (sich in etwas verwandeln) – convertirse en**

   La Torre Eiffel se ha convertido en un símbolo de orgullo de París.
   Der Eiffelturm ist zum stolzen Wahrzeichen von París geworden.

2. **werden + Adjektiv – ponerse** (wenn das Adjektiv eine vorübergehende Veränderung bezeichnet)

ponerse triste	traurig werden
ponerse pálido	blaß werden
ponerse enfermo	krank werden
ponerse furioso	wütend werden

3. **werden + Adjektiv – volverse** (wenn das Adjektiv eine Veränderung bezeichnet)

Sara se ha vuelto muy orgullosa.	Sara ist sehr stolz geworden.
Guillermo se ha vuelto loco.	Wilhelm ist verrückt geworden.

4. **werden (wollen) + Beruf – querer ser, estudiar, hacerse**

Lolita quiere ser azafata.	Lolita will Stewardeß werden.
Sara está estudiando para enfermera.	Sara wird Krankenschwester.
Víctor se ha hecho médico.	Víctor ist Arzt geworden.

5. **werden + Alter (Jahre vollenden) – cumplir años**
   werden + Alter (erreichen)   – llegar a

¿Cuántos años cumples / has cumplido?	Wie alt wirst du? / bist du geworden?
He cumplido 90 años.	Ich bin 90 geworden.
Yo también quiero llegar a los 90 años.	Ich möchte auch 90 werden.

6. **werden + Jahreszeiten – llegar**

Ya ha llegado la primavera.	Es ist schon Frühling geworden.

7. **werden + Wetter, Tageszeiten – empezar a**

Empieza a hacer frío.	Es wird kalt.
Empieza a amanecer / oscurecer.	Es wird hell / dunkel.

8. **werden – ser de** (wenn nach dem Zustand von Personen oder Dingen gefragt wird)

¿Qué ha sido de Pepe?	Was ist aus Pepe geworden?

Weitere Verwendungsmöglichkeiten des Wortes werden:

curarse, sanar, ponerse bueno	gesund werden
envejecer	alt werden

25 Galicia

Situación geográfica – Población – Idiomas

Galicia está situada en el noroeste de la península Ibérica. Galicia ha sido siempre una región muy poblada. Las consecuencias de esta superpoblación han sido la emigración y el minifundismo.

En Galicia se hablan dos idiomas: el gallego y el castellano.
En el siglo VII antes de Cristo llegaron a España los celtas, procedentes del sur de Alemania. Se instalaron preferentemente en Galicia y Portugal. Los romanos conquistaron el territorio llamado Gallaecia hacia el año 19 antes de Cristo. La mezcla del celta con el latín fue el origen de la lengua gallega y de la portuguesa. Los primeros textos escritos en gallego-portugués datan de principios del siglo XIII.

Después de la independencia de Portugal en el siglo XV, el gallego recibe cada vez más influencia del castellano y desaparece como lengua escrita hasta el siglo XIX, aunque continuó siendo la lengua del pueblo.

Clima – Paisaje

La temperatura anual media es de 14 grados. Los inviernos son poco fríos con temperaturas entre los 5 grados en el interior y 10 grados en la costa. En verano la temperatura media es de unos 18 grados. En Galicia llueve mucho durante todo el año; por eso el paisaje es muy verde. Hay muchos árboles, sobre todo pinos y eucaliptos. Las montañas no son muy altas. En la costa hay rías con playas maravillosas.

Emigración

Desde el siglo XVIII la emigración es algo normal en Galicia a causa de la superpoblación y de la falta de trabajo. Unos emigraron a otras regiones de España, otros a América del Sur. En Argentina, por ejemplo, viven más de 600.000 gallegos. Finalmente, entre 1960 y 1970, los emigrantes gallegos fueron a Alemania, Suiza, Francia y Holanda.

Emigración gallega (1960 – 1975)

España		extranjero	
Barcelona	36%	Alemania	43%
País Vasco	30%	Suiza	38%
Madrid	11%	Francia	9%

Ciudades principales

Santiago de Compostela es una de las ciudades más bellas e interesantes de España.

Hay una leyenda que da nombre a esta ciudad y a su famosa catedral:

El Apóstol Santiago (Jakobus) fue a esta región en el año 39 después de Cristo en misión evangélica. En el año 44 volvió a Jerusalén y le decapitaron. Después de muerto, sus discípulos le llevaron a Santiago, en aquel tiempo todavía sin nombre, y le enterraron allí. En el año 813 dos campesinos descubrieron el cuerpo de Santiago al ver un destello de luz.

Del nombre latino "campus stellae" (Sternenfeld) deriva el nombre Compostela y de "Sanctus Jakobus" Santiago.

En recuerdo de Santiago el pueblo construyó una iglesia pequeña en este lugar. La catedral actual se empezó a construir en estilo románico en el año 1075 y se terminó en el 1750. Tiene elementos de los estilos gótico, renacentista y barroco. La catedral, construida en granito, tiene una extensión de 23.000 m².

Santiago fue el tercer lugar de peregrinación en la Edad Media. El camino de Santiago (Jakobsweg), que empieza en Francia, es hoy una ruta turística cultural muy interesante.

Otras ciudades importantes en Galicia son: La Coruña, Vigo, Orense y Pontevedra.

Economía regional

La economía de Galicia se basa en la agricultura, la ganadería
y la pesca. La conserva y la exportación de pescado a otras
regiones de España y al extranjero son las principales
industrias de Galicia.

Los agricultores gallegos poseen campos pequeños
(minifundios). Las parcelas son numerosas, muy pequeñas y
alejadas unas de otras. La explotación y la mecanización son
muy difíciles y por ello se necesitaría una reforma agraria
para aumentar la productividad.

Producción agrícola (respecto a España):

trigo	1,3 %
maíz	19 %
centeno	36 %
vino	4 %

Español Actual – Lehrbuch 1 © FELDHAUS VERLAG, Hamburg

Turismo

España es la primera potencia turística del mundo con unos 40 millones de turistas al año.

El turismo extranjero busca principalmente el sol; por eso Galicia no es un lugar muy atractivo para los turistas nórdicos. El turismo de Galicia es principalmente nacional, sobre todo del centro del país.

Folklore

En los bailes regionales, llamados "muiñeiras", con música de gaita puede verse la gran influencia celta.

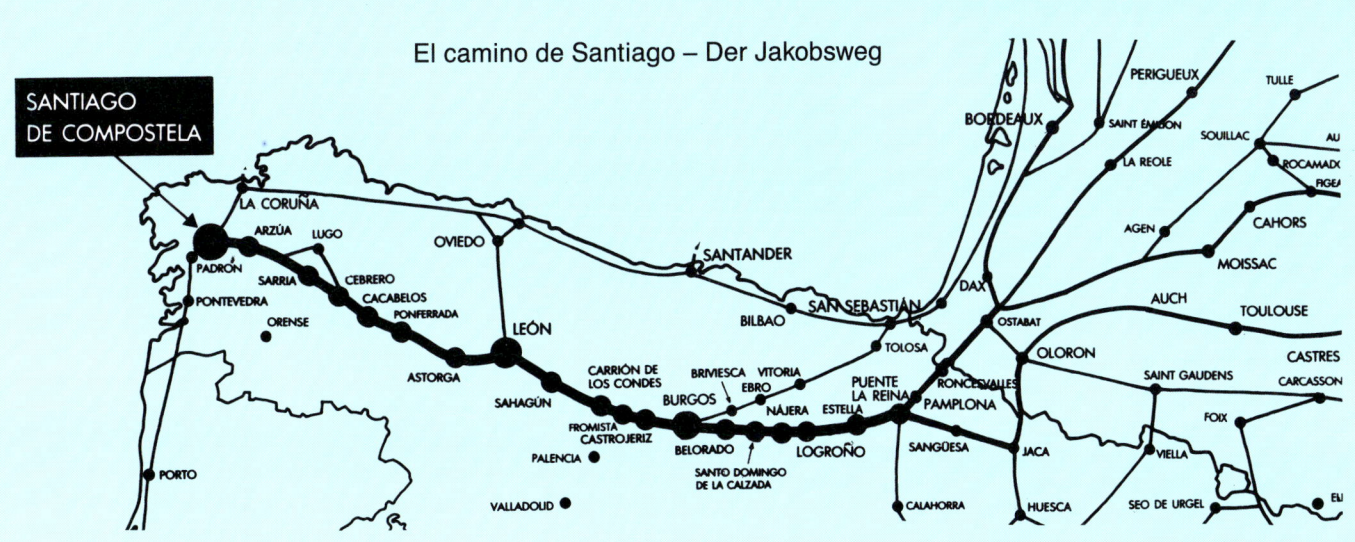

El camino de Santiago – Der Jakobsweg

Gramática

Indefinido – Unregelmäßige Verben   **Indefinidos irregulares**

estar	estuv-	
hacer	hic-	**-e**
venir	vin-	**-iste**
tener	tuv-	**-o**
querer	quis-	**-imos**
poder	pud-	**-isteis**
saber	sup-	**-ieron**
poner	pus-	
andar	anduv-	

		-e
traer	traj-	**-iste**
decir	dij-	**-o**
conducir	conduj-	**-imos**
producir	produj-	**-isteis**
		-eron

haber	**hubo**

Pretérito indefinido de los verbos en -ir que cambian la raíz en el presente

dormir	**pedir**
dormí	pedí
dormiste	pediste
du**r**mió	pidió
dormimos	pedimos
dormisteis	pedisteis
du**r**mieron	pidieron

Morir wird wie **dormir** konjugiert.
Seguir, preferir, sentir, elegir usw. werden wie **pedir** konjugiert.

Indefinido de los verbos que terminan en -uir

construir	**huir**
construí	hui
construiste	huiste
construyó	huyó
construimos	huimos
construisteis	huisteis
construyeron	huyeron

Ebenso werden gleich konjugiert: **oír, creer, leer y caerse.**

Español Actual – Lehrbuch 1 © FELDHAUS VERLAG, Hamburg

Nebensatzverkürzungen mit Infinitiv

Der Infinitiv mit Präposition ist im Spanischen zur Verkürzung adverbialer Nebensätze sehr gebräuchlich.

Die gebräuchlichsten Infinitivkonstruktionen sind:

1. Temporalsatz der Gleichzeitigkeit: **al + Infinitiv** (anstatt **cuando + konjugiertes** Verb).

Descubrieron el cuerpo de Santiago **al ver** (cuando vieron) una estrella.	Sie entdeckten den Körper von Santiago, als sie einen Stern sahen.
Se sorprendió mucho **al ver** (cuando vio) las casas tan altas y el tráfico.	Er war sehr überrascht, als er die hohen Häuser und den Verkehr sah.
Al salir (cuando salí) de casa, me encontré a Juan.	Als ich das Haus verließ, traf ich Juan.

2. Kausalsatz: **por + Infinitiv** (anstatt **porque + konjugiertes** Verb).

Felipe II eligió Madrid como capital de España **por estar situada** (porque estaba situada) en el centro del país.	Philipp II. wählte Madrid zur Hauptstadt Spaniens, weil sie im Zentrum des Landes liegt.
Has engordado mucho **por comer** (porque comes) demasiado.	Weil du so viel ißt, hast du zugenommen.

Bruchzahlen **Números fraccionarios**

Bei Bruchzahlen wird der Zähler als Grundzahl, der Nenner als Ordnungszahl gelesen. Wenn der Zähler größer als eins ist, steht der Nenner im Plural.

1/2 medio, media	2/3 dos tercios
1/3 un tercio	3/4 tres cuartos
1/4 un cuarto	4/5 cuatro quintos

1. Vor **medio** bzw. **media** steht **nie** der **unbestimmte Artikel**.

media hora	eine halbe Stunde
medio kilo	ein halbes Kilo
un kilo y medio	anderthalb Kilo
dos horas y media	zweieinhalb Stunden

2. Die Bruchzahlen können auch durch die **Ordnungszahl** + **parte** ausgedrückt werden.

la cuarta parte	ein Viertel
la tercera parte	ein Drittel
las tres cuartas partes	drei Viertel

Bitte beachten:

1/4 Jahr	tres meses
3/4 Jahr	nueve meses

Maße und Gewichte **Medidas y pesos**

1 gr.	un gramo
1 kg.	un kilo
1 l.	un litro
1 cm.	un centímetro
1 m.	un metro
1 km.	un kilómetro

Gramática

25

Prozentzahlen **Tanto por ciento**

Vor Prozentzahlen steht meistens der bestimmte Artikel. In einigen Fällen benutzt man auch den unbestimmten Artikel.

El 30% (treinta por ciento) de los españoles ... 30% der Spanier ...
Un interés del 5%   5% Zinsen
Le concedemos un 10% de descuento.   Wir gewähren Ihnen 10% Ermäßigung.

Expresiones usuales

Es igual/lo mismo.	Es ist egal.
Me da igual/lo mismo.	Es ist mir egal.
Me parece que no/sí.	Ich glaube (denke) nicht/doch.
Creo que no/sí.	Ich glaube (denke) nicht/doch.
¡Claro que sí!	Aber klar/selbstverständlich!
¡Imagínate!	Stell Dir vor!
¡Imagínese!	Stellen Sie sich vor!
¡Por fin!	(Na) endlich!
¡(De eso) ni hablar!	Das kommt nicht in Frage!
de ningún modo/de ninguna manera	auf keinen Fall/aber nein
en cualquier caso	auf jeden Fall
de cualquier modo	auf jeden Fall
nunca más	nie wieder
jamás en la vida	nie im Leben
por supuesto/descontado	selbstverständlich
por si acaso ...	für alle Fälle, falls (etwa)
depende (de) ...	es kommt darauf an ...
precisamente ahora	ausgerechnet jetzt

El sereno

El rey Carlos IV creó el puesto de vigilante nocturno en el año 1791.
La función de los vigilantes nocturnos en el siglo XIX era abrir y cerrar
los portales de las casas, vigilar el barrio y anunciar las horas y el
tiempo.

Después de algún tiempo, estos vigilantes nocturnos recibieron el nombre
de "serenos" (heiter), ya que esta palabra era la que más empleaban cuando
anunciaban el tiempo. Después de algunos años dejaron de anunciar el
tiempo y las horas, pero continuaron vigilando el barrio y abriendo los portales
a los que llegaban a su casa después de las diez de la noche y no tenían
llaves. Los ciudadanos llamaban a los serenos dando unas palmadas.

Los serenos no tenían sueldo fijo, ni seguro médico, ni jubilación.
Vivían de las propinas que les daban los vecinos cuando olvidaban sus
llaves. El Ayuntamiento les daba la licencia de armas, la pistola y el uniforme.
El puesto de serenos pasaba de padres a hijos.

Esta situación laboral sin sueldo, ni seguros sociales permaneció sin
ningún cambio hasta el año 1974.

El número de serenos disminuyó progresivamente hasta su desaparición en 1974 por diferentes causas:

- instalación de porteros automáticos en las casas;

- poca seguridad laboral debido al aumento de la criminalidad;

- ganancias muy bajas dependientes de las propinas;

- carencia de seguros sociales.

En mayo de 1986 se creó de nuevo en Madrid el puesto de vigilantes nocturnos. Ahora no llevan ni armas ni las llaves de los portales, sólo un bastón y un gas lacrimógeno. Tienen un sueldo fijo de unas 80.000 pesetas al mes y seguros sociales. En total hay 200 vigilantes nocturnos en Madrid y aunque ya no son lo que eran antes los serenos, Madrid vuelve a gozar poco a poco de la tranquilidad nocturna deseada.

Gramática

Imperfekt **Pretérito imperfecto**

1. regelmäßiges Imperfekt

-ar	-er	-ir
tomar	**comer**	**escribir**
tom**aba**	com**ía**	escrib**ía**
tom**abas**	com**ías**	escrib**ías**
tom**aba**	com**ía**	escrib**ía**
tom**ábamos**	com**íamos**	escrib**íamos**
tom**abais**	com**íais**	escrib**íais**
tom**aban**	com**ían**	escrib**ían**

2. unregelmäßiges Imperfekt

ser	ir	ver
era	iba	veía
eras	ibas	veías
era	iba	veía
éramos	íbamos	veíamos
erais	ibais	veíais
eran	iban	veían

Anwendung des Imperfekts

1. Im Gegensatz zum **Indefinido**, mit welchem die Handlung als abgeschlossen ausgedrückt wird, verwendet man das **Imperfekt**, wenn man die Handlung als noch **andauernd** bezeichnen möchte, d.h.: die Handlung war in jenem Augenblick **noch nicht abgeschlossen**. Mit dem Imperfekt **erleben** wir den Verlauf einer an sich schon vergangenen Handlung wieder. **Beginn und Ende sind nicht gekennzeichnet.**

Wenn von zwei oder mehreren Ereignissen die Rede ist, die sich zur gleichen Zeit in der Vergangenheit abspielten, wird das **Imperfekt** verwendet, um das **noch andauernde Ereignis** zu beschreiben, während wir das **Indefinido** für jede **neu eintretende Handlung** verwenden.

Cuando **iba** a Stuttgart me encontré con un amigo.	Als ich unterwegs nach Stuttgart war, traf ich einen Freund.
Mientras **hablábamos** se acercó un policía.	Während wir sprachen, näherte sich ein Polizist.
Cuando **estaba comiendo** llegó mi hermano.	Als ich aß (beim Essen war), kam mein Bruder.

2. Das **Imperfekt** wird auch verwendet bei der Darstellung von
Handlungen und **Tätigkeiten**, die sich **gewohnheitsmäßig wiederholen**.

acostumbrar a / soler – zu tun pflegen

Antes **iba** casi siempre a pie a trabajar.	Früher ging ich fast immer zu Fuß zur Arbeit.
Antes **acostumbraba a** dar un paseo después de comer.	Früher pflegte ich nach dem Essen spazieren zu gehen.
Antes **solía** levantarme a las siete.	Früher pflegte ich um sieben Uhr aufzustehen.
Cuando era pequeña mi madre me **llevaba** a la escuela.	Als ich klein war, brachte mich meine Mutter zur Schule.

3. Das **Imperfekt** wird zur **Beschreibung eines Zustandes** in der
Vergangenheit verwendet.

Los platos **estaban** sucios.	Die Teller waren schmutzig.
Rosa **llevaba** un vestido muy bonito.	Rosa trug ein schönes Kleid.

4. Das **Imperfekt** verwendet man auch für **Beschreibungen** (Sachen oder Personen) in der Vergangenheit.

El hotel **era** bueno.	Das Hotel war gut.
Tenía muchas habitaciones, pero **era** tranquilo.	Es hatte viele Zimmer, aber es war ruhig.
La chica que conocí en las vacaciones **era** muy simpática.	Das Mädchen, das ich im Urlaub kennen lernte, war sehr nett.
Tenía los ojos negros.	Sie hatte schwarze Augen.

5. Für **Zeitangaben** in der Vergangenheit gebraucht man immer das **Imperfekt** des Verbs **ser**.

Eran las 3.	Es war 3 Uhr.
Era tarde.	Es war spät.
Era de noche.	Es war Nacht.

6. Für **gleichzeitig verlaufende, nicht abgeschlossene Handlungen** in der Vergangenheit verwendet man **das Imperfekt**.

Mientras yo **cocinaba**, mi amigo **estaba viendo** la televisión.	Während ich kochte, schaute mein Freund fern.

7. **Indirekte Rede**

Die direkte Rede im **Präsens** wird nach **dijo que ...** oder **me preguntó que ...** im **Imperfekt** wiedergegeben.

Direkte Rede	Indirekte Rede
Voy a España.	Dijo que **iba** a España.
¿Qué hora es?	Me preguntó qué hora **era**.
¿Dónde hay una farmacia?	Me preguntó dónde **había** una farmacia.

YA SABÍA QUE TE ENCONTRARÍA AQUÍ.

Bedeutungsänderungen bei **Imperfekt** und **Indefinido**

Einige Verben haben verschiedene Bedeutungen, je nachdem ob sie im **Indefinido** oder im **Imperfekt** gebraucht werden.

conocer – kennen, kennen lernen

Indefinido: conocí   ich lernte kennen
Imperfecto: conocía   ich kannte

saber – wissen, können

Indefinido: supe   ich erfuhr
Imperfecto: sabía   ich wußte

tener – haben

Indefinido: tuve   ich bekam, ich hatte
Imperfecto: tenía   ich hatte

ir – gehen, fahren

Indefinido: fui   ich fuhr, ich ging
Imperfecto: iba   ich war unterwegs

Picasso – Su vida y obra

Pablo Ruiz Picasso nació en Málaga en 1881. Su padre fue también pintor y su maestro hasta los 13 años.

En 1895 Picasso y su familia se fueron a vivir a Barcelona. En 1896 Picasso fue a Madrid y estudió en el Museo del Prado a los grandes maestros clásicos.

En 1900 visitó por primera vez París, el centro artístico y cultural de Europa. Aquí empezó el periodo azul, que se caracteriza por escenas tristes en tonos azulados.

Después de continuos viajes entre París y Barcelona se quedó a vivir en París. En 1905 empezó el periodo rosa, caracterizado por los cuadros de arlequines.

En 1907 pintó el primer cuadro cubista: Las señoritas de Avignon, donde se inicia la geometrización de la figura humana.

Guernica (1937).

Español Actual – Lehrbuch 1 © FELDHAUS VERLAG, Hamburg

En 1937 pintó el famoso cuadro Guernica.

Guernica es una ciudad pequeña en el País Vasco. Los alemanes bombardearon la ciudad en la Guerra Civil Española por deseo de Franco, que intentó atemorizar de esta forma a los guerrilleros y demostrar que los alemanes le apoyarían hasta el fin. Los alemanes probaron nuevos métodos de bombardeo que luego usaron en la Segunda Guerra Mundial.

En Guernica, en el momento del bombardeo, sólo había ancianos, mujeres y niños. En pocos minutos la ciudad ardía en llamas. El bombardeo duró unas tres horas. Las víctimas fueron 1.654 muertos y 889 heridos, aproximadamente el 30 % de la población.

Picasso expresó en el monumental cuadro Guernica la tragedia y el dolor que sufrieron los habitantes de Guernica, víctimas de la brutalidad y egoísmo de los políticos.

El Guernica, encargado por el Gobierno de la República al pintor malagueño en 1937 para decorar el pabellón español de la Exposición Universal de París, nunca estuvo en España hasta el 10 de septiembre de 1981. Hasta esta fecha estuvo en el Museo de Arte Moderno de Nueva York, debido al deseo de Picasso de llevar el cuadro únicamente a una "España democrática".

Las polémicas sobre el lugar donde debería estar el cuadro en España fueron enormes. Los vascos querían tener el cuadro en Guernica, ya que fueron el motivo del cuadro; los andaluces, en Málaga, que fue la ciudad natal del pintor; los catalanes, en Barcelona porque Picasso vivió en Barcelona y allí se encuentra el Museo Picasso. Finalmente el cuadro está en Madrid en el Museo del Prado, que es el museo nacional. Durante el primer año fueron a ver el cuadro un millón de personas.

Picasso ha sido la máxima figura del arte del siglo XX.
Trabajó sin descanso hasta su muerte en 1973.

Una carta al Rey de España

Gernikan 1981'Ko bagilanenean, 16an

Errege Jauna, Agur

Lagun batek esan daust, zelan Pikassok egin eban margozkia,
Madrilena eroango dabela. Guk, euskotarrok eztegu ori ondo artu.
Guk galdu gendun ere, etxeak, abereok eta dana. ¿Zergaitik eroango
dabe Gernika margozkia Madrilena? Guguitstik Pikassok margoztu eban
lauki hori; beraz ez da margezkia bakarrik; benen barruan daukoz gure
kilak, gure negarrak eta gure odola. Horregaitik Errege Jauna, eskatzen
dautzut, nere laurogeitahamaika urteak ematen deuzten indarregaz, zuk gizon
ona eta zuzena zarula dinwelez, okarn didazu Pikasson Margoztia, Gernikara.

Bihotz bihotzez eskerrikasko. Agur

Juan Jose Gerrikabeitia

(Aus: Interviu, 1981)

En el año 1981 Juan José Gerrikabeitia, un vasco de 91 años de edad,
escribió esta carta al Rey de España, donde le decía que iban a llevar
el cuadro "Guernica" a Madrid y que los vascos no podían aceptar eso,
ya que ellos fueron el motivo del cuadro.

En la carta también ponía que "El Guernica" no era sólo una pintura
sino que contenía los muertos de Guernica y que por eso el cuadro
debería estar en el País Vasco y no en Madrid.

Las señoritas de Avignon

Die indirekte Rede   El estilo indirecto

Im Gegensatz zum Deutschen benutzt man in der **indirekten Rede** im Spanischen nicht den Konjunktiv, sondern den **Indikativ** (außer wenn die direkte Rede im Imperativ steht).

Wenn in der Einleitung eine Zeit wie **Präsens** (dice que), **Perfekt** (ha dicho que), **Futur** (dirá que), oder **Konditional** (diría que) steht, bleibt die Zeit des **Originalsatzes erhalten**, es ändern sich nur die Personen.

Wenn in der Einleitung eine **Vergangenheits-Zeit** (Indefinido, Imperfekt, Plusquamperfekt) steht, muß man **folgende** Zeitänderung vornehmen:

Präsens	wird zu	**Imperfekt**
Perfekt	wird zu	**Plusquamperfekt**
Futur	wird zu	**Konditional**
Indefinido	wird zu	**Plusquamperfekt** (oder bleibt **Indefinido**)
Imperfekt, Konditional und		
Plusquamperfekt		verändern sich **nicht**

Direkte Rede	Indirekte Rede
Estudio español.	Dice / ha dicho / dirá / diría que **estudia** español. Dijo / decía / había dicho que **estudiaba** español.
He estudiado español.	Dice que **ha estudiado** español. Dijo que **había estudiado** español.
Iré a España.	Dice que **irá** a España. Dijo que **iría** a España.
Fui al cine.	Dice que **fue** al cine. Dijo que **fue / había** ido al cine.
Había mucha gente.	Dice que **había** mucha gente. Dijo que **había** mucha gente.
Me gustaría ir a España.	Dice que le **gustaría** ir a España. Dijo que le **gustaría** ir a España.

Bitte beachten: Ir a + Infinitiv (nahe Zukunft)

Voy a ir a Stuttgart.	Dice que **va a ir** a Stuttgart. Dijo que **iba a ir** a Stuttgart.

El Palacio Real, Madrid

Madrid es una ciudad relativamente moderna. El rey Felipe II la eligió como capital de España en el año 1561 por estar situada en el centro del país.

Madrid tiene más de tres millones de habitantes y una extensión de 531 km².

En la parte antigua de la ciudad hay lugares muy pintorescos. Las casas son pequeñas y las calles estrechas con tascas, mesones y bares típicos donde se pueden comer las más variadas tapas. En el centro de Madrid, en la Plaza de España, hay también casas muy modernas y rascacielos como la "Torre de Madrid" de 124 m. de altura, que se empezó a construir en 1954. Durante algunos años la Torre de Madrid fue el rascacielos más alto de Europa y los madrileños estaban muy orgullosos de ello.

La contaminación atmosférica en Madrid es enorme debido al tráfico intenso y a las industrias de los alrededores de la ciudad.

Los monumentos más importantes son:

La Plaza Mayor (siglo XVII)   La Plaza de la Cibeles (siglo XVIII)
La Puerta de Alcalá (1778)   El Museo del Prado (1785 – 1830)
El Palacio Real (1738 – 1764)

En Madrid hay 3 parques de gran extensión: El Parque del Retiro, la Casa de Campo y el Parque del Oeste. En estas zonas verdes el aire es mejor que en el resto de la ciudad.

28

Turismo – Economía del centro de España

En Madrid hay principalmente „turistas de paso" que sólo se quedan unas horas o unos días. A pesar de ello el número de turistas es tan grande que el turismo tiene una importancia económica considerable para el centro del país.

En Madrid trabaja el 12,3 % de la población activa de España y hay un índice de paro del 16,2 %.

En los alrededores de Madrid hay bastante industria. En el resto de las provincias del centro apenas existe industria. Castilla es principalmente una región agraria. Se cultivan trigo, olivos, viñas y caña de azúcar, pero la productividad es muy baja. Hay poca tierra de regadío, muchos minifundios y, al mismo tiempo, un pequeño número de latifundistas que poseen gran parte de la tierra. Muchos campesinos han emigrado a Madrid o a otros países de Europa. Por ello el centro de España está muy despoblado.

Clima – Paisaje – Ciudades importantes

El clima en el centro de España es continental. En invierno hace mucho frío y en verano hace mucho calor. Llueve muy poco. El paisaje es muy seco.

Las ciudades de mayor interés turístico y cultural son: Cuenca, Toledo, Segovia y Avila.

Casas colgadas, Cuenca

Komparativ und Superlativ   **Comparativo y Superlativo**

I. Komparativ des Adjektivs

Der Komparativ wird wie folgt gebildet:

más .... que	mehr .... als
menos .... que	weniger ...... als
tan (+ Adj./Adv.)........ como	so .... wie
tanto (+ Subs./Verb).. como	so viel .... wie

María es	**más/menos**	simpática	**que**	Teresa.
Carmen es	**tan**	simpática	**como**	Rosa.
Juan tiene	**tantos**	amigos	**como**	Carlos.

1. Vor den Grundzahlen wird **más ... que** bzw. **menos ... que** zu **más ... de** bzw. **menos ... de**.

   Tengo **más de** cien marcos.   Ich habe mehr als hundert Mark.

2. **Tanto** richtet sich in Geschlecht und Zahl nach dem darauffolgenden Substantiv.

   Tengo **tantos** libros **como** tú.   Ich habe genau so viele Bücher wie du.

   Tanto als Adverb (ein Verb begleitend) ist unveränderlich.

   Trabajo **tanto como** tú.   Ich arbeite genau so viel wie du.

3. Wenn der Vergleich durch einen Nebensatz vervollkommnet wird, fängt dieser Nebensatz

   mit **de lo que, del que, de la que, de los que, de las que,** an.

   Tengo **más** dinero **de lo** que pensaba.   Ich habe mehr Geld, als ich dachte.
   Tengo **más** libros **de los** que puedo leer.   Ich habe mehr Bücher, als ich lesen kann.

II. Superlativ des Adjektivs

1. Der **absolute** Superlativ wird gebildet:

a. mit den Wörtern **muy**
sumamente (höchst),
extraordinariamente (außerordentlich)

vor dem Adjektiv.

b. durch Anhängen der Endung **-ísimo, -ísima, -ísimos, -ísimas**

an das jeweilig Adjektiv, wobei der Endungsvokal des Adjektivs verlorengeht.

bueno	buen**ísimo**
caro	car**ísimo**
rico	riqu**ísimo**

Die Bildung des Superlativs mit der Endung **-ísimo** ist jedoch bei vielen
Adjektiven nicht möglich, wie bei: español, francés, alemán, posible, etc.

2. Der **relative** Superlativ wird beim Vergleich von mehr als
2 Personen oder Sachen mit den Wörtern

el más, el menos, la más, …

gebildet.

Jaime es **el más** inteligente **de** la clase.	Jaime ist der Intelligenteste seiner Klasse.
Madrid es **la** ciudad **más** grande **de** España.	Madrid ist die größte Stadt Spaniens.

III. Unregelmäßige Steigerung des Adjektivs (Komparativ, Superlativ)

Folgende Adjektive haben besondere Steigerungsformen:

bueno	mejor (besser)	el mejor (der beste)
malo	peor (schlechter)	el peor (der schlechteste)
grande	mayor (größer)	el mayor (der größte)
pequeño	menor (kleiner)	el menor (der kleinste)

Die regelmäßigen Steigerungsformen (**más bueno, el más bueno,** etc.) werden auch, aber nicht so häufig, verwendet.

Grande im Sinne von **großartig** wird immer regelmäßig gesteigert.

Bei Personen bedeutet **mayor** auch älter und **menor** auch jünger.

Bitte beachten Sie die Übersetzung:

mi hermano mayor	mein älterer Bruder
una persona mayor	ein älterer Mensch
un señor / una señora mayor	ein älterer Herr / eine ältere Frau
Es mayor de edad.	Er / sie ist volljährig.
Es menor de edad.	Er / sie ist minderjährig.

Gramática

IV. Komparativ und Superlativ des Adverbs

Die regelmäßige Steigerung des Adverbs wird wie beim Adjektiv gebildet:

fácilmente – **más** fácilmente – **lo más** fácilmente

Bien und **mal** bilden Komparativ und Superlativ wie die Adjektive **bueno** und **malo**.

Pedro habla alemán **mejor/peor** que tú.	Pedro spricht Deutsch besser/schlechter als du.

Im Spanischen werden einige deutsche superlative adverbiale Bildungen wie
am liebsten, am meisten, am besten, am schönsten mit einem **Relativsatz** umschrieben.

am liebsten + Verb – **el/lo/la que más me gusta**

Este periódico es **el que más me** gusta leer.	Diese Zeitung lese ich am liebsten.
Lo que más me gustaría es ir de vacaciones.	Am liebsten würde ich in Urlaub fahren.

am besten – **lo mejor**
am besten etwas tun – **el/la que mejor** hace algo

Pedro es **el que mejor** habla alemán.	Pedro spricht am besten Deutsch.

am meisten + Verb – **lo/el/la que más** + verbo
am wenigsten + Verb – **lo/el/la que menos** + verbo

Juan es **el que más/menos** trabaja.	Juan arbeitet am meisten/am wenigsten.
Esto es **lo que más/menos** me interesa.	Das interessiert mich am meisten/am wenigsten.

höchstens – **a lo sumo/lo más/lo máximo**

Juan trabaja **a lo sumo** tres horas al día.	Juan arbeitet höchstens drei Stunden am Tag.
Lo más/máximo que trabaja Juan son tres horas al día.	Juan arbeitet höchstens drei Stunden am Tag.

ferner:

meistens	por lo general	die meisten (Personen)	la mayoría
	casi siempre	die meisten (Sachen)	la mayor parte
spätestens	como muy tarde	genau(so) wie	(al) igual que, lo mismo que
	a más tardar, lo más tarde	je mehr ... desto (um so)	cuanto más ... (tanto) más
frühestens	lo más pronto	höher, vorzüglicher	superior
wenigstens	por lo menos	niedriger, schlechter	inferior
so früh wie möglich	lo más pronto posible		

Español Actual – Lehrbuch 1 © FELDHAUS VERLAG, Hamburg

"Celtiberia Show"

Un campesino fue un día a Madrid a visitar a un amigo que estaba en el
hospital.
Nunca había estado anteriormente en la ciudad y se sorprendió mucho
al ver las casas tan altas, los cines, los parques, los grandes almacenes,
el inmenso tráfico y otras muchas cosas; pero lo que más le sorprendió
al llegar al hotel fue ver por primera vez un ascensor.
Con los ojos muy abiertos vio como entraba en el ascensor una señora
mayor, se cerraban las puertas y poco después se volvían a abrir
y salía una señorita mucho más joven.
Con gran sorpresa dijo:
"Y si entro yo ahí, ¿me reconocerá después mi mujer en el pueblo?"

 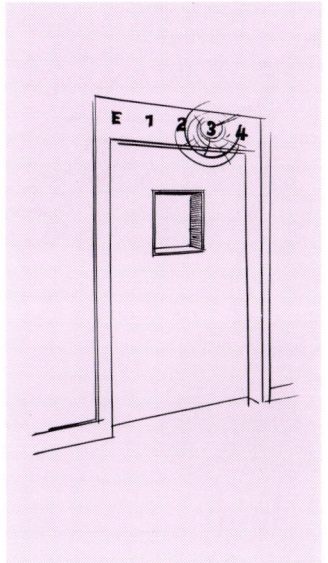 

Una chica muy atractiva entró en la estación para pesarse en una báscula que había allí. Echó una moneda en la máquina y vio con gran sorpresa el peso que indicaba la báscula que, al parecer, era mayor del que ella esperaba. Se quitó el abrigo y volvió a echar otra moneda.

Muy sorprendida todavía, se quitó los zapatos, puso el bolso al lado y de nuevo echó una moneda. Una vez más, sorprendida, empezó a buscar una moneda en su bolso, pero ya no tenía más monedas y la joven empezó a ponerse nerviosa.

Un hombre que estaba mirándola se acercó rápidamente con una moneda en la mano y le dijo: "Siga usted insistiendo, señorita, todo mi dinero está a su disposición."

Un día el señor Rodríguez fue a hablar con el profesor de su hijo porque éste había recibido una nota muy mala en un examen. El profesor escuchó atentamente las protestas del padre y finalmente dijo:
– El ejercicio de su hijo es igual al de su compañero de al lado.
– !Bah! – responde el padre – ¿y no será que el compañero ha copiado el ejercicio de mi hijo?
– No, señor. El ejercicio tenía diez preguntas. En las nueve primeras las respuestas de ambos son iguales en todo detalle. Pero en la décima pregunta, el otro chico escribió: "No la sé". Y su hijo escribió: "Ni yo tampoco".

– ¡Esto es el colmo, Juanito! – dice un padre muy enfadado a su hijo. El mes pasado eras el penúltimo de la clase y este mes eres el último. Vas de mal en peor. ¿Cómo es posible? ¡Explícame el porqué!
– Pero, papá, ¿qué culpa tengo yo si Rigoberto, que era el último de la clase, está desde hace un mes enfermo?

Un campesino gallego que está a punto de morirse le dice al médico que le visita:
– Doctor, si me cura le regalo la mejor vaca que tengo.
Después de unas semanas el médico encuentra al paciente en la calle y le dice:
– Como veo que ya está mejor, le recuerdo que prometió regalarme su mejor vaca si le curaba.
– ¡No me diga! ¡Ay! ¡Pero qué malito debía de estar yo!

Übersetzungsmöglichkeiten von **poner(se)**

ponerse + Kleidungsstücke	sich anziehen
ponerse de acuerdo (sobre)	sich einigen (über)
ponerse a + Verb im Infinitiv	beginnen zu
ponerse nervioso, -a	nervös werden
ponerse triste / contento, -a	traurig / fröhlich werden
ponerse de mal humor	schlechte Laune bekommen
ponerse en camino	sich auf den Weg machen
ponerse bueno / malo	gesund / krank werden
poner un telegrama	ein Telegramm aufgeben
poner una inyección	eine Injektion geben
poner gasolina	tanken
poner algo de su parte	das Seinige tun
poner el reloj en hora	die Uhr einstellen
Póngame con ...	Verbinden Sie mich mit ...
¡No te pongas así!	Stell dich nicht so an!
¿Qué pone aquí?	Was steht hier?

Übersetzungsmöglichkeiten von **quitar(se)**

quitarse + Kleidungsstücke	ausziehen, ablegen
quitarse + el sombrero, las gafas	den Hut, die Brille abnehmen
quitar	nehmen, wegnehmen
quitar la mesa	den Tisch abdecken
Quítate de ahí / en medio.	Mach, daß du wegkommst.
Se me ha quitado un peso de encima.	Mir ist ein Stein vom Herzen gefallen.
Me quita Ud. la palabra de la boca.	Sie nehmen mir das Wort aus dem Munde.
Se me han quitado las ganas.	Mir ist die Lust vergangen.

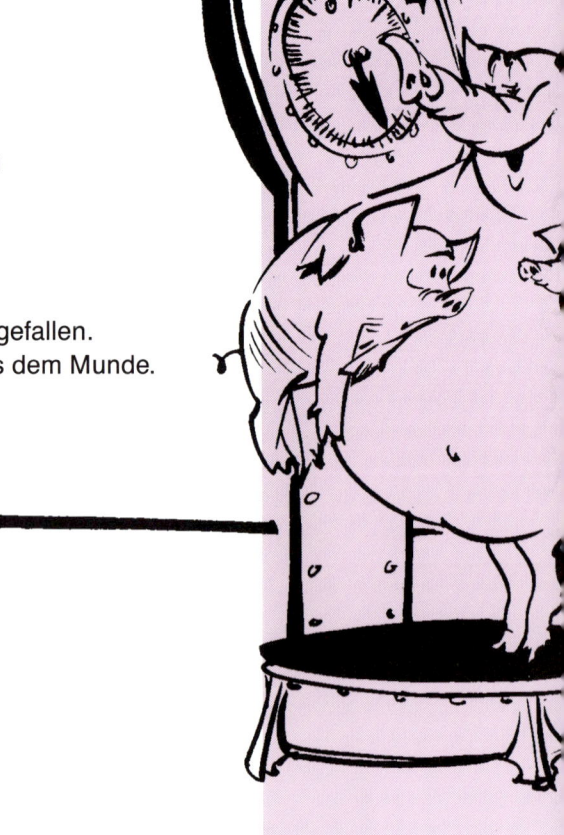

Español Actual – Lehrbuch 1 © FELDHAUS VERLAG, Hamburg

Plusquamperfekt   **Pretérito pluscuamperfecto**

Das Plusquamperfekt wird mit dem **Imperfekt von haber** und dem **Partizip Perfekt** gebildet.

había	comido	ich hatte gegessen
habías	tomado	du hattest genommen
había	vuelto	er / sie / es war zurückgekommen
habíamos	trabajado	wir hatten gearbeitet
habíais	comprado	ihr hattet gekauft
habían	dicho	sie hatten gesagt

Anwendung des Plusquamperfekts

Mit dieser Zeit drückt man eine **Handlung** aus, die bereits **beendet war**, als eine neue Handlung einsetzte.

| Comí todo lo que me había preparado mi madre. | Ich aß alles, was meine Mutter für mich vorbereitet hatte. |

Seguir + gerundio

Mit **seguir + gerundio** wird das **Nichtaussetzen** bzw. **die Forsetzung** einer **Handlung** oder eines **Vorgangs** ausgedrückt.

Sigue lloviendo.	Es regnet immer noch.
Siguió insistiendo.	Er / sie versuchte es weiter.
Siga leyendo.	Lesen Sie weiter.
Sigo estudiando español.	Ich lerne immer noch Spanisch.

Turismo – Emigración

El turismo en España

En treinta años, entre 1950 y 1980, el número de turistas que
visitó España se multiplicó por 50 y el de divisas por 400.
Durante años el número de turistas fue igual al de habitantes
del país: 34 millones. En 1981 hubo 40 millones, 2 millones
más que habitantes.

España, con casi 5.000 kilómetros lineales de costa y 50.000
km² de terreno montañoso, tiene rincones pintorescos para
satisfacer ampliamente los gustos de millones de personas.
Pero las playas del Mediterráneo son los destinos más frecuen-
tados por los turistas, tanto nacionales como extranjeros.

Las Islas Baleares reciben el 21 % del turismo extranjero.
Las siguen Cataluña, Valencia y Andalucía.

El turismo británico prefiere las Islas Baleares y la Costa del Sol;
los alemanes, las Islas Canarias; los norteamericanos, Andalucía
y los suecos, Alicante. Los italianos son los más interesados en
la cultura y en los monumentos. Galicia y Asturias, que durante
años habían tenido sólo turismo nacional, reciben últimamente un
gran número de pensionistas extranjeros que huyen de las grandes
aglomeraciones costeras.

El turismo nacional tiene una gran importancia en el país ya
que representa el 30 % del turismo total. A pesar de ello los
españoles son, dentro de los países de la Comunidad Europea,
uno de los pueblos que menos practica el turismo en el propio
país y hacia el extranjero. En 1985 sólo el 46 % de los
españoles hizo desplazamientos turísticos, porcentaje muy
inferior al 65 % de los nórdicos y centroeuropeos. El motivo es
principalmente la falta de medios económicos.

El turismo proporciona más de un millón de puestos de trabajo
y es, sin lugar a dudas, el principal factor de financiación
del crecimiento económico español. En Cataluña y Valencia el
dinero del turismo se invirtió en gran parte en la industria;
no pasó lo mismo en Andalucía donde se invirtió principalmente
en la construcción. Durante los años del gran "boom"
turístico, la mano de obra excedente de la agricultura huyó del
campo a las ciudades para trabajar en la construcción. Pero la
crisis económica que existe desde 1973 ha originado una
semiparalización de la construcción. Debido a ello este sector es
el que hoy tiene el mayor número de parados en Andalucía, lo que
ha originado la emigración de más de un millón de andaluces.

En el desarrollo turístico de la Costa Brava, de la costa
valenciana y de las Islas Baleares y Canarias han tenido gran
importancia los andaluces, que han sido una mano de obra
barata que sólo se necesitaba pagar durante una temporada.

Una gran parte de las ganancias del turismo queda en manos de
los extranjeros, principalmente en las Islas Canarias y
Baleares ya que la mayoría de los hoteles, urbanizaciones
turísticas y negocios pertenecen a los extranjeros.

Otro aspecto negativo muy importante del turismo en España es
la destrucción del paisaje y del medio ambiente. En casi toda la
costa del este y una parte del sur hay una verdadera muralla
de cemento que tapa el paisaje y lo destruye. La contaminación
del agua en algunas playas es tan grande que ya es peligroso
bañarse en muchas de ellas. También el turismo en masas cambia
las costumbres y tradiciones de los habitantes del país
receptor.

30

La emigración

Más de 4 millones de españoles emigraron entre 1920 y 1970
por motivos económicos a América y a otros países de Europa.
En América viven dos millones, la mitad de ellos en Argentina;
en Francia medio millón y en Alemania unos 180.000. La mayoría
de los españoles que emigraron eran campesinos sin tierra y
obreros sin trabajo.

Desde la crisis económica de los años 70 es muy difícil la
emigración a otros países de Europa. Los países receptores no
admiten más emigrantes debido a los problemas de paro que
ellos mismos tienen.

La situación del emigrante en los países receptores de Europa
no es siempre fácil. La mayoría no habla el idioma del país.
Acostumbrarse a una nueva mentalidad y costumbres es muy
difícil. Los habitantes de los países receptores tampoco los
ayudan mucho a integrarse. Los extranjeros, con frecuencia,
están considerados como personas de "segunda categoría".

En Alemania sólo aproximadamente un 50 % de los extranjeros
tiene contacto con alemanes y de los casados sólo un 4,8 %
tiene cónyuges alemanes. Además, muchos propietarios alemanes
no aceptan extranjeros en sus viviendas; debido a ello
encontrar un piso es un gran problema para los emigrantes. El
44 % vive en barrios de gran concentración de extranjeros por
lo que la integración es muy difícil.

En Alemania hay aproximadamente cuatro millones de extranjeros.
Aproximadamente un millón de ellos son menores de quince años.
Muchos niños extranjeros están completamente aislados ya que
pasan sus horas libres con la familia, en vez de jugar con otros
niños. Así no pueden aprender el idioma correctamente, factor muy
importante para poder incorporarse después al mundo laboral. Los
jóvenes tienen desde hace años grandes dificultades en encontrar
un puesto de trabajo. Además, la inseguridad en cuanto a su
permanencia en Alemania es muy grande. Debido a todo esto, los
hijos de los emigrantes tienen a veces incluso más problemas que
sus padres.

Español Actual – Lehrbuch 1 © FELDHAUS VERLAG, Hamburg

Die Präpositionen **por** und **para**

Para (für, nach, um zu, usw.) drückt aus:

Zweck

Necesito dinero para mis estudios.	Ich brauche Geld für mein Studium.
Las vacaciones son para descansar.	Der Urlaub ist zum Erholen da.

Bestimmung

Este regalo es para ti.	Dieses Geschenk ist für dich.

Termin (zukünftiges Datum oder in der Zukunft liegender Zeitraum):

La reunión se ha aplazado para el miércoles.	Man hat die Versammlung auf Mittwoch vertagt.
Desearía una habitación para tres días.	Ich hätte gerne ein Zimmer für drei Tage.
Faltan quince días para las vacaciones.	Es fehlen noch fünfzehn Tage bis zum Urlaub.

Absicht

Lo hace para molestarme.	Er tut es, um mich zu belästigen (stören).

Ziel (mit Verben der Bewegung):

Salimos para Barcelona mañana.	Wir reisen morgen nach Barcelona.
Ya han partido para su ciudad.	Sie sind schon nach Hause gefahren.

Persönliche Meinung, Standpunkt, Ansicht

Para mí esto no es importante.	Für mich ist das nicht wichtig.
Para Enrique esto es lo más interesante.	Das ist für Enrique das interessanteste.

Verhältnis, Vergleich

Está muy joven para su edad.	Er sieht für sein Alter sehr jung aus.
Gana poco para lo que trabaja.	Für das, was er arbeitet, verdient er wenig.

Um zu

Comemos para vivir; algunos viven para comer.	Wir essen, um zu leben; einige leben, um zu essen.

30 Gramática

Por (für, durch, aus, von an, über, wegen) drückt aus:

Ursache

¿Por qué no vienes a la fiesta? Por falta de tiempo.	Warum kommst Du nicht zum Fest? Aus Zeitmangel.

Beweggrund

Lo hace sólo por ti.	Er macht es nur deinetwegen.

Mittel (Art und Weise)

Te llamaré por teléfono.	Ich werde dich anrufen.
Te lo enviaré por avión.	Ich werde es dir per Luftpost schicken.

Ungenaue Zeitangabe

por la mañana	vormittags
por la tarde	nachmittags
por aquel entonces	damals

Urheber beim Passiv

El Escorial fue construido por orden de Felipe II.	El Escorial wurde im Auftrag von Philipp II. gebaut.

Kaufpreis, Kaufobjekt

Ha vendido la casa por seis millones de pesetas.	Er hat das Haus für 6 Millionen Peseten verkauft.
Te cambio mi coche por el tuyo.	Ich tausche mein Auto gegen deines.

Ungenaue Ortsangaben

He hecho un viaje por Europa.	Ich habe eine Reise durch Europa gemacht.
He paseado por el jardín.	Ich bin im Garten spazieren gegangen.

Idiomatische Ausdrücke

por casualidad	rein zufällig
por lo general	im allgemeinen
por lo visto	anscheinend
por si acaso	für alle Fälle, falls
por fin	endlich
por último	zuletzt, letzten Endes
por lo demás	übrigens

Español Actual – Lehrbuch 1 © FELDHAUS VERLAG, Hamburg

Anhang

Die Konjugation der Verben

Regelmäßige Verben

1. Verben auf -ar

Infinitiv: **tomar,** haber tomado

Präsens	Imperfekt	Indefinido	Futur	Konditional
tomo	tomaba	tomé	tomaré	tomaría
tomas	tomabas	tomaste	tomarás	tomarías
toma	tomaba	tomó	tomará	tomaría
tomamos	tomábamos	tomamos	tomaremos	tomaríamos
tomáis	tomabais	tomasteis	tomaréis	tomaríais
toman	tomaban	tomaron	tomarán	tomarían

Perfekt		Plusquamperfekt	
he	tomado	había	tomado
has	tomado	había	tomado
ha	tomado	había	tomado
hemos	tomado	habíamos	tomado
habéis	tomado	habíais	tomado
han	tomado	habían	tomado

2. Verben auf -er

Infinitiv: **comer,** haber comido

Präsens	Imperfekt	Indefinido	Futur	Konditional
como	comía	comí	comeré	comería
comes	comías	comiste	comerás	comerías
come	comía	comió	comerá	comería
comemos	comíamos	comimos	comeremos	comeríamos
coméis	comíais	comisteis	comeréis	cemeríais
comen	comían	comieron	comerán	comerían

Perfekt		Plusquamperfekt	
he	comido	había	comido
has	comido	habías	comido
ha	comido	había	comido
hemos	comido	habíamos	comido
habéis	comido	habíais	comido
han	comido	habían	comido

Español Actual – Lehrbuch 1 © FELDHAUS VERLAG, Hamburg

3. Verben auf -ir

Infinitiv: **vivir,** haber vivido

Präsens	Imperfekt	Indefinido	Futur	Konditional
vivo	vivía	viví	viviré	viviría
vives	vivías	viviste	vivirás	vivirías
vive	vivía	vivió	vivirá	viviría
vivimos	vivíamos	vivimos	viviremos	viviríamos
vivís	vivíais	vivisteis	viviréis	viviríais
viven	vivían	vivieron	vivirán	vivirían

Perfekt		Plusquamperfekt	
he	vivido	había	vivido
has	vivido	había	vivido
ha	vivido	habías	vivido
hemos	vivido	habíamos	vivido
habéis	vivido	habíais	vivido
han	vivido	habían	vivido

Unregelmäßige Verben – Gruppenverben

Einige Verben verändern den Stammvokal, wenn bei der Konjugation die Betonung auf den Wortstamm fällt. Die Endungen bleiben aber regelmäßig.

Gruppe e → ie

cerrar	**querer**	**preferir**
cierro	quiero	prefiero
cierras	quieres	prefieres
cierra	quiere	prefiere
cerramos	queremos	preferimos
cerráis	queréis	preferís
cierran	quieren	prefieren

Gruppe o → ue   Gruppe e → i

probar	**poder**	**dormir**	**pedir**
pruebo	puedo	duermo	pido
pruebas	puedes	duermes	pides
prueba	puede	duerme	pide
probamos	podemos	dormimos	pedimos
probáis	podéis	dormís	pedís
prueban	pueden	duermen	piden

Die Konjugation der Verben

Die wichtigsten unregelmäßigen Verben

dar geben

Präsens	Imperfekt	Indefinido	Futur	Konditional		
doy	daba	di	daré	daría		
das	dabas	diste	darás	darías	**Partizip:**	dado
da	daba	dio	dará	daría	**Imperativ:**	da (tú)
damos	dábamos	dimos	daremos	daríamos		dé (Ud.)
dais	dabais	disteis	daréis	daríais		den (Uds).
dan	daban	dieron	darán	darían	**Gerundium:**	dando

decir sagen

Präsens	Imperfekt	Indefinido	Futur	Konditional		
digo	decía	dije	diré	diría		
dices	decías	dijiste	dirás	dirías	**Partizip:**	dicho
dice	decía	dijo	dirá	diría	**Imperativ:**	di (tú)
decimos	decíamos	dijimos	diremos	diríamos		diga (Ud.)
decís	decíais	dijisteis	diréis	diríais		digan (Uds.)
dicen	decían	dijeron	dirán	dirían	**Gerundium:**	diciendo

estar sein, sich befinden

Präsens	Imperfekt	Indefinido	Futur	Konditional		
estoy	estaba	estuve	estaré	estaría		
estás	estabas	estuviste	estarás	estarías	**Partizip:**	estado
está	estaba	estuvo	estará	estaría	**Imperativ:**	está (tú)
estamos	estábamos	estuvimos	estaremos	estaríamos		esté (Ud.)
estáis	estabais	estuvisteis	estaréis	estaríais		estén (Uds.)
están	estaban	estuvieron	estarán	estarían	**Gerundium:**	estando

haber haben (Hilfsverb)

Präsens	Imperfekt	Indefinido	Futur	Konditional		
he	había	hube	habré	habría		
has	habías	hubiste	habrás	habrías		
ha	había	hubo	habrá	habría		
hemos	habíamos	hubimos	habremos	habríamos		
habéis	habíais	hubisteis	habréis	habríais	**Partizip:**	habido
han	habían	hubieron	habrán	habrían	**Gerundium:**	habiendo

hacer machen, tun

Präsens	Imperfekt	Indefinido	Futur	Konditional		
hago	hacía	hice	haré	haría		
haces	hacías	hiciste	harás	harías	**Partizip:**	hecho
hace	hacía	hizo	hará	haría	**Imperativ:**	haz (tú)
hacemos	hacíamos	hicimos	haremos	haríamos		haga (Ud.)
hacéis	hacíais	hicisteis	haréis	haríais		hagan (Uds.)
hacen	hacían	hicieron	harán	harían	**Gerundium:**	haciendo

Español Actual – Lehrbuch 1 © FELDHAUS VERLAG, Hamburg

ir   gehen

Präsens	Imperfekt	Indefinido	Futur	Konditional		
voy	iba	fui	iré	iría	**Partizip:**	ido
vas	ibas	fuiste	irás	irías	**Imperativ:**	ve (tú)
va	iba	fue	irá	iría		vaya (Ud.)
vamos	íbamos	fuimos	iremos	iríamos		vayan (Uds.)
vais	ibais	fuisteis	iréis	iríais		
van	iban	fueron	irán	irían	**Gerundium:**	yendo

poder   können

Präsens	Imperfekt	Indefinido	Futur	Konditional		
puedo	podía	pude	podré	podría		
puedes	podías	pudiste	podrás	podrías		
puede	podías	pudo	podrá	podría		
podemos	podíamos	pudimos	podremos	podríamos		
podéis	podíais	pudisteis	podréis	podríais	**Partizip:**	podido
pueden	podían	pudieron	podrán	podrían	**Gerundium:**	pudiendo

poner   setzen, stellen, legen

Präsens	Imperfekt	Indefinido	Futur	Konditional		
pongo	ponía	puse	pondré	pondría	**Partizip:**	puesto
pones	ponías	pusiste	pondrás	pondrías	**Imperativ:**	pon (tú)
pone	ponía	puso	pondrá	pondría		ponga (Ud.)
ponemos	poníamos	pusimos	pondremos	pondríamos		pongan (Uds.)
ponéis	poníais	pusisteis	pondréis	pondríais		
ponen	ponían	pusieron	pondrán	pondrían	**Gerundium:**	poniendo

querer   wollen, lieben

Präsens	Imperfekt	Indefinido	Futur	Konditional		
quiero	quería	quise	querré	querría	**Partizip:**	querido
quieres	querías	quisiste	querrás	querrías	**Imperativ:**	quiere (tú)
quiere	quería	quiso	querrá	querría		quiera (Ud.)
queremos	queríamos	quisimos	querremos	querríamos		quieran (Uds.)
queréis	queríais	quisisteis	querréis	querríais		
quieren	querían	quisieron	querrán	querrían	**Gerundium:**	queriendo

saber   wissen, können

Präsens	Imperfekt	Indefinido	Futur	Konditional		
sé	sabía	supe	sabré	sabría	**Partizip:**	sabido
sabes	sabías	supiste	sabrás	sabrías	**Imperativ:**	sabe (tú)
sabe	sabía	supo	sabrá	sabría		sepa (Ud.)
sabemos	sabíamos	supimos	sabremos	sabríamos		sepan (Uds.)
sabéis	sabíais	supisteis	sabréis	sabríais		
saben	sabían	supieron	sabrán	sabrían	**Gerundium:**	sabiendo

Die Konjugation der Verben

salir   ausgehen, hinausgehen

Präsens	Imperfekt	Indefinido	Futur	Konditional		
salgo	salía	salí	saldré	saldría		
sales	salías	saliste	saldrás	saldrías	**Partizip:**	salido
sale	salía	salió	saldrá	saldría	**Imperativ:**	sal (tú)
salimos	salíamos	salimos	saldremos	saldríamos		salga (Ud.)
salís	salíais	salisteis	saldréis	saldríais		salgan (Uds.)
salen	salían	salieron	saldrán	saldrían	**Gerundium:**	saliendo

ser   sein

Präsens	Imperfekt	Indefinido	Futur	Konditional		
soy	era	fui	seré	sería		
eres	eras	fuiste	serás	serías	**Partizip:**	sido
es	era	fue	será	sería	**Imperativ:**	sé (tú)
somos	éramos	fuimos	seremos	seríamos		sea (Ud.)
sois	erais	fuisteis	seréis	seríais		sean (Uds.)
son	eran	fueron	serán	serían	**Gerundium:**	siendo

tener   haben, besitzen

Präsens	Imperfekt	Indefinido	Futur	Konditional		
tengo	tenía	tuve	tendré	tendría		
tienes	tenías	tuviste	tendrás	tendrías	**Partizip:**	tenido
tiene	tenía	tuvo	tendrá	tendría	**Imperativ:**	ten (tú)
tenemos	teníamos	tuvimos	tendremos	tendríamos		tenga (Ud.)
tenéis	teníais	tuvisteis	tendréis	tendríais		tengan (Uds.)
tienen	tenían	tuvieron	tendrán	tendrían	**Gerundium:**	teniendo

traer   (her)bringen

Präsens	Imperfekt	Indefindo	Futur	Konditional		
traigo	traía	traje	traeré	traería		
traes	traías	trajiste	traerás	traerías	**Partizip:**	traído
trae	traía	trajo	traerá	traería	**Imperativ:**	trae (tú)
traemos	traíamos	trajimos	traeremos	traeríamos		traiga (Ud.)
traéis	traíais	trajisteis	traeréis	traeríais		traigan (Uds.)
traen	traían	trajeron	traerán	traerían	**Gerundium:**	trayendo

venir   kommen

Präsens	Imperfekt	Indefinido	Futur	Konditional		
vengo	venía	vine	vendré	vendría		
vienes	venías	viniste	vendrás	vendrías	**Partizip:**	venido
viene	venía	vino	vendrá	vendría	**Imperativ:**	ven (tú)
venimos	veníamos	vinimos	vendremos	vendríamos		venga (Ud.)
venís	veníais	vinisteis	vendréis	vendríais		vengan (Uds.)
vienen	venían	vinieron	vendrán	vendrían	**Gerundium:**	viniendo

Español Actual – Lehrbuch 1 © FELDHAUS VERLAG, Hamburg

0	cero	32	treinta y dos
1	uno (un, una)	40	cuarenta
2	dos	41	cuarenta y uno
3	tres	50	cincuenta
4	cuatro	60	sesenta
5	cinco	70	setenta
6	seis	80	ochenta
7	siete	90	noventa
8	ocho	100	cien (ciento)
9	nueve	101	ciento uno
10	diez	130	ciento treinta
11	once	200	doscientos / as
12	doce	300	trescientos / as
13	trece	400	cuatrocientos / as
14	catorce	500	quinientos / as
15	quince	600	seiscientos / as
16	diez y seis / dieciséis	700	setecientos / as
17	diez y siete / diecisiete	800	ochocientos / as
18	diez y ocho / dieciocho	900	novecientos / as
19	diez y nueve / diecinueve	1.000	mil
20	veinte	1.001	mil uno / una
21	veintiuno	1.500	mil quinientos / as
22	veintidós	2.000	dos mil
23	veintitrés	10.000	diez mil
29	veintinueve	100.000	cien mil
30	treinta	1.000.000	un millón (de)
31	treinta y uno	1.000.000.000	mil millones (de)

Vor **männlichen** Substantiven verwandelt sich **uno** in **un**: un libro.
Ciento wird zu **cien**, wenn ein **Substantiv** oder eine **größere Zahl folgt**:
cien libros, cien mil libros.
Die Hunderter ab 200 richten sich nach dem Geschlecht des
folgenden Substantivs: doscientos marcos; doscientas pesetas.

Die Konjunktion **y** steht nur zwischen Zehnern und Einern.

Zwischen **millón** und dem folgenden Substantiv steht immer die
Präposition **de**: un millón de pesetas.

Was sagt man im Spanischen?

1. Wenn Sie jemanden grüßen

¡Hola! ¿Qué tal?	Hallo, wie geht's?
Bien, gracias, ¿y tú?	Gut, danke, und dir?
¿Cómo estás?	Wie geht es dir?
¿Cómo está usted?	Wie geht es Ihnen?

2. Wenn Sie jemandem Grüße ausrichten wollen

Saluda a Juan de mi parte.	Grüß Juan von mir.
Salude al señor Pérez de mi parte.	Grüßen Sie Herrn Pérez von mir.
(Da) recuerdos a Teresa.	Grüße an Teresa.
Recuerdos de Pedro.	Grüße von Pedro.

3. Wenn Sie sich entschuldigen möchten

Lo siento.	Es tut mir leid.
Perdone usted. / Perdón.	Entschuldigen Sie. / Entschuldigung.
No importa.	Es macht nichts.

4. Wenn Sie jemanden vorstellen

Le presento a ...	Darf ich Ihnen ... vorstellen.
Mucho gusto.	Sehr gern.
El gusto es mío.	Ganz meinerseits.
Encantado, -a.	Sehr erfreut.
Me alegro mucho de conocerle.	Ich freue mich sehr, Sie kennenzulernen.

5. Wenn Sie „viel Spaß" / „gute Besserung" ausrichten möchten

¡Que te diviertas / se divierta!	Viel Spaß!
¡Que te lo pases / se lo pase bien!	Viel Spaß!
¡Que te vaya / le vaya bien!	Alles Gute!
¡Que te mejores / se mejore!	Gute Besserung!
¡Que descanses / descanse!	Angenehme Ruhe!

6. Wenn Sie etwas nicht verstehen oder etwas erfahren möchten

¿Cómo se escribe la palabra ...?	Wie schreibt man das Wort ...?
¿Cómo se dice en español ...?	Wie sagt man in Spanisch ...?
¿Qué quiere decir / significa ...?	Was bedeutet ...?
Hable más alto, por favor.	Sprechen Sie bitte lauter.
Hable más despacio, por favor.	Sprechen Sie bitte langsamer.
¿Puede repetir, por favor?	Können Sie bitte wiederholen?

7. **Wenn Sie etwas suchen**

¿Me podría decir dónde está ...?	Könnten Sie mir bitte sagen, wo ... liegt?
¿Cómo se va a ...?	Wie kommt man zu (nach) ...?

8. **Wenn Sie bezahlen möchten**

¿Cuánto es?	Wieviel macht das bitte?
¿Me podría traer la cuenta?	Könnten Sie mir die Rechnung bringen?
¡Prepáreme la cuenta, por favor!	Die Rechnung bitte! (im Hotel)

9. **Wenn Sie Freude / Ärger empfinden**

¡Qué alegría!	Welche Freude!
¡Qué sorpresa!	Welche Überraschung!
¡Qué bien!	Wie schön / gut.
¡Qué suerte!	Welch ein Glück!
¡Qué mala suerte!	Welch ein Pech!
¡Qué pena / lástima!	Wie Schade!
¡Qué horroroso!	Wie fürchterlich!

10. **Wenn Sie beim Friseur sind**

¿Qué se va a hacer?	Was soll es sein?
Lavar y marcar, por favor.	Waschen und legen, bitte.
Deseo hacerme una permanente.	Ich möchte mir eine Dauerwelle machen lassen.
¿Me puede cortar un poco las puntas?	Können Sie mir die Spitzen schneiden?

11. **Wenn Sie einen Brief schreiben**

Querido, -a ...:	Liebe(r) ...!
Saludos	Grüße
Besos	Küsse
Distinguido Sr. X:	Sehr geehrter Herr ...!
Muy Sr. mío:	Sehr geehrte Herr ...!
Atentamente	Hochachtungsvoll
Le saluda atentamente	Mit freundlichen Grüßen

12. **Wenn Sie eine Vermutung ausdrücken möchten**

Supongo que ...	Ich nehme an, daß ...
Me imagino que ...	Ich stelle mir vor, daß ...
Creo que ...	Ich glaube, daß ...
Me parece que ...	Es scheint mir, daß ...
Puede / podría ser que ...	Es kann / könnte sein, daß ...
Es posible (que) ...	Es ist möglich, (daß) ...
quizá(s), tal vez, a lo mejor	vielleicht

Wörter, die Sie oft benötigen

Interrogativpronomen

qué	was	cuánto	wieviel
quién	wer	cuánto tiempo	wie lange
a quién	wem / wen	cuándo	wann
cómo	wie	por qué	warum
dónde	wo	a qué hora	um wieviel Uhr
de dónde	woher	adónde	wohin

Wörter, die Sie oft benötigen

siempre	immer
nunca	nie, niemals
también	auch
tampoco	auch nicht
a veces	manchmal
de vez en cuando	ab und zu
ya	schon
ya no	nicht mehr
casi	fast
demasiado	zu, zu viel
a causa de / debido a	wegen
por eso / por ello	deshalb, deswegen
aunque	obwohl
durante + sustantivo	während
mientras + verbo	während
entonces	dann
pues	denn
sin embargo	trotzdem
no obstante	jedoch

Español Actual – Lehrbuch 1 © FELDHAUS VERLAG, Hamburg

Grammatische Fachausdrücke und ihre Bedeutung

Adjektiv	Eigenschaftswort
Adverb	Umstandswort
Nominativ	1. Fall
Genitiv	2. Fall, Wesfall
Dativ	3. Fall, Wemfall
Akkusativ	4. Fall, Wenfall
Deklination	Beugung des Hauptwortes
Demonstrativpronomen	hinweisendes Fürwort
Diphthong	Doppellaut
Femininum	weibliches Geschlecht
Futur	Zukunft (-sform)
Imperativ	Befehlsform
Imperfekt	Vergangenheitsform
Indefinitpronomen	Unbestimmtes Fürwort
Indikativ	Wirklichkeitsform
Infinitiv	Grundform
Interrogativpronomen	Fragefürwort
Komparativ	1. Steigerungsstufe
Superlativ	2. Steigerungsstufe
Konditional	Bedingungsform
Konjunktion	Bindewort
Konjunktiv	Möglichkeitsform
Konsonant	Mitlaut
Masculinum	männliches Geschlecht
Neutrum	sächliches Geschlecht
Partizip	Mittelwort
Passiv	Leideform
Perfekt	vollendete Gegenwart
Personalpronomen	persönliches Fürwort
Plural	Mehrzahl
Plusquamperfekt	Vorvergangenheit
Possessivpronomen	besitzanzeigendes Fürwort
Präposition	Verhältniswort
Präsens	Gegenwart
Reflexivpronomen	rückbezügliches Fürwort
Relativpronomen	bezügliches Fürwort
Substantiv	Hauptwort
Verb	Zeitwort
Vokal	Selbstlaut

Sachregister zur Grammatik

Español Actual – Lehrbuch 1 © FELDHAUS VERLAG, Hamburg

Vokabelverzeichnis (Spanisch – Deutsch)

A

a causa de *wegen, aufgrund*
a cualquier hora *jederzeit*
a cualquiera *jedem*
a eso de las once *gegen 11 Uhr*
a la derecha *rechts*
a la izquierda *links*
a la vez *gleichzeitig, zugleich*
a menos que *es sei denn*
¿A qué te dedicas? *Was machst du beruflich?*
a ti *dir*
¡A tu salud! *Auf dein Wohl!*
a veces *manchmal*
a ver *nun, wollen wir sehen*
el **abrigo** *der Mantel*
abril *April*
En **abril, aguas mil.** *April, April, macht was er will.*
abrir *öffnen, aufmachen*
absolutamente nada *absolut nichts*
la **abuela** *die Großmutter*
el **abuelo** *der Großvater*
los **abuelos** *die Großeltern*
¡Qué aburrido! *Wie langweilig!*
acabar *beenden*
acabar de + infinitivo *gerade etwas beendet haben*
acercarse *sich nähern*
acertar *erraten*
acompañar *begleiten*
acordarse *sich erinnern*
acostarse *ins Bett gehen*
acostumbrarse (a) *sich gewöhnen (an)*
en la **actualidad** *heute, zur Zeit*
actualmente *zur Zeit*
adelgazar *abnehmen*
además *außerdem*
admitir *aufnehmen, zulassen*
el **aduanero** *der Zollbeamte*
el **aeropuerto** *der Flughafen*
el **afeitado** *die Rasur*
afeitarse *sich rasieren*
afortunadamente *glücklicherweise*
la **aglomeración** *die Menschenmenge*
agosto *August*
la **Agronomía** *die Agrarwissenschaft*
el **agua (caliente)** *(warmes) Wasser*
agua de Lourdes *Weihwasser aus Lourdes*
debajo del **agua** *unter Wasser*
ahora *jetzt*
ahora mismo *sofort, gleich*
aislado *isoliert*
al + Infinitiv (= cuando) *als*
al día siguiente *am folgenden Tag*
al lado de *neben*
al llegar *bei der Ankunft*
al mismo tiempo *gleichzeitig*
al parecer *anscheinend*
al ver (=cuando vio) *als er sah*
alegrarse (de) *sich freuen (über/auf)*
me **alegraría** *ich würde mich freuen*
alegre *fröhlich*
alejada, -o *entfernt*
(el) **alemán** *Deutsch (auch der Deutsche)*
Alemania *Deutschland*

algo más *noch etwas (etwas mehr)*
el **algodón** *die Baumwolle*
algunas *einige*
allí *dort*
el **almacén** *das Lager*
los **almacenes** *das Einkaufszentrum*
el **alquiler** *die Miete*
los **alrededores** *die Umgebung*
el **altavoz** *der Lautsprecher*
alto, -a *hoch, groß*
la **altura** *die Höhe, hoch*
el **alumno, -a** *der Schüler, die Schülerin*
el **ama de casa** *die Hausfrau*
amable *freundlich*
amarillo, -a *gelb*
ambos *beide*
la **amiga** *die Freundin*
el **amigo** *der Freund*
ampliamente *reichlich, ausführlich*
el **anciano, -a** *der, die Alte*
andar *laufen, gehen*
¡anda! *komm!*
el **andén** *der Bahnsteig*
el **aniversario** *der Jahrestag*
Feliz **Año Nuevo.** *Gutes Neues Jahr.*
el **año** *das Jahr*
este **año** *dieses Jahr*
cada **año/todos los años** *jedes Jahr*
durante **años** *jahrelang*
lo **antes posible** *sobald wie möglich*
un poco **antes** *etwas früher*
antiguo *alt, antik*
anual *jährlich*
anunciar *ankündigen*
apagar *ausmachen*
aparcar *parken*
apenas *kaum*
el **apéndice** *der Blinddarm*
apetecer *Lust auf etwas haben*
apostar *wetten*
apoyar *unterstützen*
aprender *lernen*
aprovechar la ocasión *die Gelegenheit nutzen*
¡Que aproveche! *Guten Appetit!*
hacer una **apuesta** *wetten, eine Wette machen*
aquí *hier*
aquí tiene *hier haben Sie*
el **árbol** *der Baum*
arder en llamas *in Flammen aufgehen*
el **arlequín** *der Harlekin*
arreglar *reparieren*
el **ascensor** *der Aufzug*
así *so*
asomarse a la ventanilla *aus dem Fenster hinauslehnen*
atemorizar *beängstigen, Angst machen*
¡Atención! *Achtung!*
atender (e → ie) *bedienen*
Atentamente *Hochachtungsvoll*
¡Atiza! *Hoppla!*
aumentar *vergrößern*
el **aumento de la criminalidad** *das Ansteigen der Kriminalität*
la **autopista** *die Autobahn*
ayudar *helfen*

el **Ayuntamiento** *das Rathaus, Stadtverwaltung*
la **azafata** *die Stewardeß*
azul claro/cielo *hellblau, himmelblau*
azul oscuro/marino *dunkelblau*

B

bailar *tanzen*
el **baile** *der Tanz*
bajar(se) del tren *aussteigen*
bajo, -a *niedrig, gering, klein*
con **baño** *mit Bad*
barato, -a *billig*
la **barra** *die Theke*
el **barrio** *das Stadtviertel*
basarse en *beruhen auf*
la **báscula** *die Waage*
el **bastón** *der Knüppel, Stock*
beber *trinken*
para **beber** *zu trinken*
bella, -o *schön*
Besos y abrazos *Küsse und Umarmungen*
¡Qué bien! *Toll/prima!*
muy **bien/mal** *sehr gut/schlecht*
el **billete** *die Fahrkarte*
la **Biología** *die Biologie*
blanco, -a *weiß*
en **blanco** *(hier): unbeschrieben*
la **blusa** *die Bluse*
la **boca** *der Mund*
el **bocadillo** *das belegte Brötchen*
el **bolso** *die Tasche*
el **borracho** *der Betrunkene*
una **botella más** *noch eine Flasche*
el **brazo** *der Arm*
sé **bueno** *sei lieb, sei so gut*
buscar *suchen*

C

la **cabina telefónica** *die Telefonzelle*
cada **año/todos los años** *jedes Jahr*
cada **día/todos los días** *jeden Tag*
cada **mes/todos los meses** *jeden Monat*
cada **semana/todas las semanas** *jede Woche*
cada **siglo/todos los siglos** *jedes Jahrhundert*
cada **vez** *jedes Mal*
el **cadáver** *die Leiche*
caerse *herunter fallen*
la **caja** *die Kasse, Kiste, Schachtel*
los **calcetines** *die Socken*
la **calle** *die Straße*
la **cámara fotográfica** *die Fotokamara*
el **camarero** *der Kellner*
cambiar *wechseln*
cambiar de tren *umsteigen*
la **camisa** *das Hemd*
el **campesino** *der Bauer*
la **caña de azúcar** *das Zuckerrohr*
estar **cansado, -a** *müde sein*
cansarse *müde werden*
la **cara** *das Gesicht*
¡Caramba! *Hoppla!*
la **carencia de** *Mangel an*
cariño *Liebe, Liebling*

Con todo mi **cariño / amor** *in Liebe (mit meiner ganzen Liebe)*
caro, -a *teuer*
la **carretera** *die Landstraße*
la **carta** *der Brief, die Speisekarte*
los **cartones para tapices** *die Vorlagen für die Teppiche*
la **casa** *das Haus*
en **casa** *zu Hause*
en **casa de** *bei (jemandem) zu Hause sein*
ser / estar **casado, -a** *verheiratet sein*
casarse *heiraten, sich vermählen*
casi *fast, nahezu*
casi siempre / nunca *fast immer / nie*
a **causa de** *wegen, aufgrund*
celebrar *feiern*
los **celtas** *die Kelten*
la **cena** *das Abendbrot*
cenar *zu Abend essen*
el **centeno** *der Roggen*
el **centro** *das Zentrum, Landesinnere*
cerca de aquí *hier in der Nähe*
la **cerilla** *das Streichholz*
la **cerveza** *das Bier*
otra **cerveza** *noch ein Bier*
la **chaqueta** *die Jacke*
el **chico, la chica** *der Junge, das Mädchen*
chino *chinesisch*
la **cicatriz** *die Narbe*
las **Ciencias Económicas** *die Wirtschaftswissenschaft*
el **cigarrillo** *die Zigarette*
el **cine sonoro** *der Tonfilm*
la **ciudad** *die Stadt*
la **ciudad natal** *der Geburtsort*
las **ciudades principales** *die wichtigen (wichtigsten) Städte*
Claro que sí / no. *Aber ja / nein.*
la **clase** *der Unterricht, das Klassenzimmer*
el **cliente** *der Gast, Kunde*
el **coche cama** *der Schlafwagen*
coger *nehmen (auch: greifen, fassen)*
¡Esto es el **colmo!** *Das ist der Gipfel!*
el **color** *die Farbe*
¿De qué **color (es)** ...? *Welche Farbe (hat) ...?*
los **colores de moda / actualidad** *die Modefarben*
comer *essen*
se **come** *man ißt*
después de **comer** *nach dem Essen*
después de la **comida** *nach dem Essen*
La **comida está muy rica.** *Das Essen schmeckt sehr gut.*
¿**cómo?** *wie?*
¿**Cómo es que** ...? *Wie kommt es, daß ...?*
el **compañero de al lado** *der Nebenmann*
con pensión **completa** *Vollpension*
comprar *kaufen, einkaufen*
ir de **compras** *einkaufen gehen*
comprender *verstehen*
no **comprendo en absoluto** *ich verstehe überhaupt nicht*
con destino a ... *nach* ...
con el tiempo *im Laufe der Zeit*
con mucho gusto *sehr gerne*
con ojos muy abiertos *mit großen Augen*
Con todo mi cariño / amor *in Liebe (mit meiner ganzen Liebe)*
confesarse *beichten*
conmigo *mit mir*
conocer *kennen, kennenlernen*
conocido *bekannt*
el **consejo** *der Rat*
considerable *beachtlich, erheblich*
estar **considerado (como)** *angesehen werden (als)*
construir *bauen*

la **consulta** *die Sprechstunde*
la **contaminación atmosférica** *die Umweltverschmutzung*
contar *(er-)zählen*
contener *beinhalten*
el **contenido** *der Inhalt*
contento *zufrieden, froh*
contestar *antworten, sich (am Telefon) melden*
continuar + Gerundio *weiter machen*
continuos *ständig*
contribuir (a) *beitragen (zu)*
el **cónyuge** *der Ehepartner*
copiar *abschreiben, kopieren*
la **corbata** *die Krawatte*
el **cordero asado** *der Lammbraten*
cortar *schneiden*
cortarse el pelo *sich die Haare schneiden lassen*
el **corte de pelo** *der Haarschnitt*
Me está **corto / largo.** *Es ist mir zu kurz / lang.*
unas cuantas **cositas** *ein paar Kleinigkeiten*
la **costumbre** *die Gewohnheit, der Brauch*
crear *schaffen, gründen*
el **crecimiento económico** *das Wirtschaftswachstum*
creer *glauben*
Creo que sí / no. *Ich glaube ja / nein.*
el **cuadro** *das Bild*
a **cualquiera** *jedem*
cuando *(immer) wenn*
en **cuanto a** *bezüglich, in bezug auf*
¿**Cuánto cuesta(n)?** *Wieviel kostet / kosten?*
¿**Cuánto es todo?** *Wieviel macht alles zusammen?*
¿**Cuánto es?** *Wieviel macht das bitte?*
¡**Cuánto tiempo sin verte!** *Lange nicht mehr gesehen!*
¿**cuánto tiempo?** *wie lange?*
¿**Cuánto vale?** *Wieviel kostet (es)?*
el **cuello** *der Hals*
la **cuenta** *die Rechnung*
¡**Cuidado!** *Vorsicht!*
la **culpa** *die Schuld*
¿Qué **culpa tengo yo?** *Ist es etwa meine Schuld?*
el **cumpleaños** *der Geburtstag*
el **cumplido** *das Kompliment*
cumplir 22 años *seinen 22. Geburtstag feiern / 22 Jahre alt werden*
curar *heilen*

D

dar *geben*
dame *gib mir*
dando unas palmadas *indem sie in die Hände klatschten*
dar clases (de) *unterrichten*
dar la vuelta *umdrehen*
dar una fiesta *ein Fest veranstalten*
darse cuenta *merken, bemerken*
darse prisa *sich beeilen*
de ... a *von ... bis ...*
de acuerdo *einverstanden*
de esta forma *so, auf diese Weise*
de nada *bitte schön, keine Ursache*
de nuevo *wieder, von Neuem*
de repente *plötzlich*
De veras / de verdad. *Im Ernst / wirklich / es ist wahr.*
de vez en cuando *ab und zu*
debajo de *unter*

debajo del agua *unter Wasser*
deber *schulden, sollen*
deber de + infinitivo *(drückt eine Vermutung aus)*
debería *sollte*
debería haber llegado *hätte ankommen sollen*
debido a *wegen*
debido a ello *deshalb, aus diesem Grund*
decapitar *enthaupten*
decir *sagen*
me han **dicho** *man hat mir gesagt*
declarar *verzollen*
decorar *schmücken*
¿A qué te **dedicas?** *Was machst du beruflich?*
el **dedo** *der Finger*
dejar *ausleihen, lassen (s. Gramm.)*
dejar de ... *aufhören zu ... (s. Gramm.)*
déme *geben Sie mir*
demostrar *beweisen*
dentro *drin*
el **departamento / compartimento** *das Zugabteil*
depende *es kommt darauf an*
Depende de usted. *Das hängt von Ihnen ab.*
dependiente de *abhängig von*
el **dependiente** *der Verkäufer*
el **deporte** *der Sport*
hacer / practicar **deporte** *Sport treiben*
derecha *rechts*
a la **derecha** *rechts*
todo **derecho** *gerade aus*
derivar(se) *sich ableiten*
la **desaparición** *das Aussterben, Verschwinden*
desayunar *frühstücken*
para **desayunar** *zum Frühstück*
descansar *sich erholen*
sin **descanso** *ohne Pause, ununterbrochen*
descubrir *entdecken*
desde *seit*
desear *wünschen*
Deseo hablar con el Sr. X. *Ich hätte gern Herrn X gesprochen.*
por **desgracia / desgraciadamente** *leider*
desnudar(se) *(sich) ausziehen*
la **despedida** *der Abschied*
el **despertador** *der Wecker*
despertar *jmd. wecken*
despertarse *aufwachen*
el **desplazamiento turístico** *die Reise, Ortsveränderung*
despoblado, -a *wenig bevölkert*
después *danach*
después de comer *nach dem Essen*
después de la comida *nach dem Essen*
después de todo *immerhin*
el **destello de luz** *der Lichtstrahl*
el **destino** *das Ziel*
con **destino a ...** *nach ...*
la **destrucción** *die Zerstörung*
destruir *zerstören*
desvestirse / desnudarse *sich ausziehen*
di(le) *sag ihr / ihm*
el **día** *der Tag*
al **día** *pro Tag*
Un día es un día. *Ein Mal ist kein Mal.*
un **día muy frío de invierno** *eines sehr kalten Wintertages*
al **día siguiente** *am folgenden Tag*
un **día** *eines Tages*
todo el **día** *den ganzen Tag*
cada **día / todos los días** *jeden Tag / alle Tage*
Dice que sí / no. *Er sagt ja / nein.*
me han **dicho** *man hat mir gesagt*

diciembre *Dezember*
estar a **dieta** *Diät halten*
difícil *schwierig*
con **dificultad** *mit Schwierigkeiten*
diga *sagen Sie (Imperativ von decir)*
¡**Dígame!** oder ¡**Diga!** *Sagen Sie (mir)
bzw. sprechen Sie./Hallo! (am Telefon)*
¡No me **digas/diga!** *Was du nicht
sagst!/Was Sie nicht sagen!*
el **dinero** *das Geld*
dirigirse *sich wenden an, sich bege-
ben nach*
los **discípulos** *die Schüler*
discutir *streiten*
disminuir *abnehmen, verringern*
estar a **disposición** *zur Verfügung
stehen*
Distinguido Sr. X : *Sehr geehrter Herr
X.!*
divertido, -a *lustig*
divertirse *sich amüsieren*
las **divisas** *Devisen*
ser/estar **divorciado, -a** *geschieden sein*
divorciarse *sich scheiden lassen*
doble *doppelt*
doler *Schmerzen haben*
el **dolor** *der Schmerz*
el **domingo** *der Sonntag, am Sonntag*
dormir *schlafen*
con **ducha** *mit Dusche*
ducharse *sich duschen*
me **duele/duelen** ..., tengo **dolor de** ...
es tut mir ... weh
el **dueño** *der Besitzer*
durante años *jahrelang*
durar *dauern*

E

e *und (Vor Wörtern mit i- und hi-)*
echar *runterschütten, (ein-)werfen*
echar de menos *vermissen*
la **economía** *die Wirtschaft*
la **edad** *das Alter*
la **Edad Media** *das Mittelalter*
educadamente *höflich*
por **ejemplo** *zum Beispiel*
el **ejercicio** *die Übung, Klassenarbeit*
el **despertador** *der Wecker*
elegir *wählen*
ellos mismos *sie selbst*
embarcar *(ins Flugzeug) einsteigen, an
Bord gehen*
la **emigración** *die Auswanderung*
la **empanada** *(Spezialität aus Galizien)*
empezar (a) *anfangen*
el **empleado** *der Angestellte*
emplear *verwenden, benutzen*
la **empresa** *das Unternehmen*
en aquel tiempo *damals*
en blanco *(hier): unbeschrieben*
en broma *im Spaß*
en casa de *bei (jemandem) zu Hause sein*
en cuanto a *bezüglich, in bezug auf*
en el propio país *im eigenen Land*
en estas fechas *zur Zeit*
en seguida *sofort*
en general, generalmente *im allgemeinen*
en serio *im Ernst*
en todo detalle *in jeder Hinsicht*
en vez de + sustantivo *(an)statt*
en vez de +verbo *(an)statt zu ...*
estar **enamorado** *verliebt sein*
Me **encanta.** *Ich bin begeistert, es gefällt mir außerordentlich gut.*
encantado, -a *sehr erfreut, angenehm*
encargar *beauftragen*

encender *anzünden*
enero *Januar*
enfadada, -o *böse*
enfermo, -a *krank*
enseñar *zeigen*
enterrar *begraben*
entonces *dann*
entrar (en) *eintreten (in)*
entre *zwischen*
entregar *abgeben*
la **época** *die Epoche*
el **equipaje** *das Gepäck*
Se ha perdido mi **equipaje.** *Mein Gepäck ist verloren gegangen.*
equivocarse *sich irren, sich verwählen*
Es la moda. *Das ist Mode.*
Es lógico. *Es ist logisch.*
es *er, sie, es ist*
escalar *klettern*
el **escocés** *der Schotte*
escondido *versteckt*
escuchar *zuhören*
escuchar música *Musik hören*
la **escuela de idiomas** *die Sprachschule*
la misma **escuela** *die gleiche Schule*
a **eso de las once** *gegen 11 Uhr*
Eso es lo de menos. *Das ist das allerwenigste.*
España *Spanien*
(el) **español** *Spanisch (auch der Spanier)*
esperar *(er-)warten, hoffen*
esquiar *Ski fahren*
Está a unos tres km. *Liegt ungefähr 3
km entfernt.*
**Está aproximadamente a un
km.** *Liegt ungefähr 1 km entfernt.*
¿**Está Pilar (en casa)?** *Ist Pilar zu
Hause?*
la **estación** *die Haltestelle, der
Bahnhof*
el **estanco** *der Tabakladen*
estar a **dieta** *Diät halten*
estar a **disposición** *zur Verfügung
stehen*
estar a **punto de morirse** *im Sterben
liegen*
estar cansado, -a *müde sein*
estar considerado (como) *angesehen
werden (als)*
estar contento *zufrieden, froh sein*
estar de moda *„in" sein*
estar enamorado *verliebt sein*
estar enfermo, -a *krank sein*
estar loco *verrückt sein*
estar malo, -a *krank sein*
estar medio muerto, -a *halbtot sein*
estar orgulloso de *stolz sein
auf/wegen*
estar pasado de moda *aus der Mode sein*
estar prohibido *verboten sein*
estar sentado *sitzen*
estar situada, -o *liegen*
estar sorprendido, -a *erstaunt, überrascht sein*
el **este** *der Osten*
Estimado, -a *Geschätzter, Geschätzte*
¡**Esto es el colmo!** *Das ist der Gipfel!*
esto *das, dieses*
el **estómago** *der Magen*
estrecho *eng, schmal*
estudiar *studieren, lernen*
estupendo *toll, fabelhaft*
exactamente *ganz genau*
el **examen** *die Prüfung, Arbeit*
existir *existieren*
la **experiencia** *die Erfahrung*
explicar *erklären*

la **explotación del suelo** *die Boden-
nutzung*
expresar *ausdrücken*
la **extensión** *die Oberfläche*
el **extranjero** *der Ausländer, das Ausland*

F

la **fábrica de tapices** *die Teppichfabrik*
fácil *einfach*
facturar *Gepäck aufgeben*
la **falda** *der Rock*
la **falta de trabajo** *der Arbeitsmangel*
la **familia** *die Familie*
famoso *berühmt*
la **farmacia** *die Apotheke*
febrero *Februar*
la **fecha** *das Datum*
en estas **fechas** *zur Zeit*
Felices Pascuas. *Schöne Weihnachten.*
la mayor **felicidad** *viel Glück*
felicitar *gratulieren*
Feliz Año Nuevo. *Gutes Neues Jahr.*
Feliz Navidad y próspero Año Nuevo.
*Frohe Weihnachten und ein gutes
Neues Jahr.*
feo *häßlich*
la **fibra sintética** *die Kunstfaser*
la **fiebre** *das Fieber*
dar una **fiesta** *ein Fest veranstalten*
la **figura humana** *der menschliche
Körper*
fijarse *auf etwas achten, beachten*
el **fin de curso** *das Semesterende*
el **fin de semana** *das/am Wochen-
ende*
a **final de ...** *Ende ...*
al **final** *am Ende*
finalmente *zuletzt, schließlich*
la **Física** *die Physik*
al **fondo** *hinten, im Hintergrund*
de esta **forma** *so, auf diese Weise*
frecuentar *häufig besuchen*
más **frecuentado** *am häufigsten besucht*
fuerte *stark, kräftig*
fumar *rauchen*
el **fusilamiento** *die Hinrichtung, Er-
schießung*

G

las **gafas** *die Brille*
la **gaita** *der Dudelsack*
la **ganadería** *die Viehzucht*
las **ganancias** *das Einkommen, der
Verdienst*
ganar *gewinnen, verdienen*
el **gas lacrimógeno** *das Tränengas*
en **general, generalmente** *im allgemeinen*
la **gente** *die Leute*
la **geometrización** *die geometrische
Darstellung*
hacer **gimnasia** *Gymnastik treiben*
el **gobierno** *die Regierung*
gordo, -a *dick*
la **gorra** *die Mütze*
grabar *aufnehmen (auch: gravieren)*
muchas **gracias – de nada** *Vielen
Dank – bitte (keine Ursache)*
gracias, igualmente *Danke, gleichfalls*
grande *groß*
gris *grau*
gritar *schreien*
guardar *aufbewahren*
el **guardia** *der Verkehrspolizist*

esas no son horas de ... *das sind keine Zeiten zum ...*
la **guerra** *der Krieg*
la Segunda **Guerra Mundial** *der 2. Weltkrieg*
la **guía telefónica** *das Telefonbuch*
gustar *gefallen*
me **gusta más** *gefällt mir besser, am besten*
lo que más me **gusta** *was mir am Besten gefällt*
me **gustaría** *es würde mir gefallen*
lo que les **gustaría haber hecho** *was sie gern gemacht hätten*
me **gustaría haber inventado** *ich hätte gern erfunden*
el **gusto es mío** *ganz meinerseits*
con mucho **gusto** *sehr gerne*

H

ha habido *es hat gegeben*
¿Qué **ha pasado?** *Was ist geschehen?*
la **habitación** *das Zimmer*
la **habitación doble** *das Doppelzimmer*
hablar *sprechen*
¡**Habráse visto!** *Hat man etwas ähnliches gesehen!*
hacer *machen*
hace un rato *vor kurzer Zeit, vor ein paar Minuten*
hacer falta *nötig sein*
hacer gimnasia *Gymnastik treiben*
Tengo que **hacer muchas cosas.** *Ich habe viele Dinge zu erledigen.*
no **hacer nada** *nichts tun*
hacer progresos *Fortschritte machen*
hacer transbordo *umsteigen*
hacer travesuras *unartig sein*
hacer una apuesta *wetten, eine Wette machen*
Tengo mucho que **hacer.** *Ich habe viel zu tun.*
hacer / practicar deporte *Sport treiben*
hacia su mujer *zu seiner Frau*
hasta *bis*
hay *es gibt*
hay que *man muß*
el **herido** *der Verwundete, Verletzte*
la **hermana** *die Schwester*
el **hermano** *der Bruder*
los **hermanos** *die Geschwister*
la **hija** *die Tochter*
el **hijo** *der Sohn*
los **hijos** *die Kinder*
la **hora** *die Stunde, Uhrzeit*
a cualquier **hora** *jederzeit*
¡Qué **horror!** *Wie schrecklich!*
horroroso, -a *fürchterlich*
hoy *heute*
hoy mismo *heute noch*
huir (de) *fliehen*

I

ida y vuelta *hin und zürück*
el **idioma** *die Sprache*
el **idioma español** *die spanische Sprache*
igualmente *gleichfalls*
imaginarse *sich vorstellen*
impedir *(ver)hindern*
No **importa.** *Es macht nichts.*
incluso *sogar*
incorporar(se) *(sich) eingliedern, einfügen*
la **independencia** *die Unabhängigkeit*
indicar *(an-)zeigen*
el **índice de paro** *die Arbeitslosenzahl*
individual *einzel (n)*
la **influencia celta** *der keltische Einfluß*

iniciar *beginnen*
inmenso *überaus groß*
el **inquilino** *der Mieter*
la **inseguridad** *die Unsicherheit*
insistir *bestehen auf*
instalarse *sich nieder lassen*
intentar *versuchen*
inventar *erfinden*
invertir *investieren*
el **invierno** *der Winter*
ir a buscar *abholen*
ir a la moda *mit der Mode gehen*
ir a la montaña *ins Gebirge fahren*
ir a pasear *spazieren gehen*
ir a tomar una copa *etwas trinken gehen*
ir de compras *einkaufen gehen*
ir de mal en peor *immer schlechter werden*
irse de juerga *einen „draufmachen"*
a la **izquierda** *links*

J

el **jefe** *der Chef*
el **jefe de estación** *der Stationvorseher*
el **jersey** *der Pullover*
la **jubilación** *die Rente*
las **judías** *die Bohnen*
jueves *Donnerstag*
julio *Juli*
junio *Juni*
juntos *zusammen*

L

al **lado de** *neben*
la **lana** *die Wolle*
lavar *waschen*
lavarse *sich waschen*
lavar la ropa *die Wäsche waschen*
la **leche** *die Milch*
leer *lesen*
levantarse *aufstehen*
la **leyenda** *die Legende*
libre *frei*
la **licencia de armas** *der Waffenschein*
limpiar *sauber machen*
lo *es*
lo siento (mucho) *es tut mir (sehr) leid*
estar **loco** *verrückt sein*
volverse **loco** *verrückt werden*
lógico *logisch*
el **lugar** *der Ort*
el **lunes** *der Montag, am Montag*
los **lunes** *montags*

Ll

llamar *rufen, anrufen*
llamarse *heißen*
la **llave** *der Schlüssel*
llegar (a) *ankommen (in), erreichen*
debería haber **llegado** *hätte ankommen sollen*
llegar puntual *pünktlich ankommen*
llegar tarde *zu spät kommen*
nada más **llegar** *gleich nach der Ankunft*
al **llegar** *bei der Ankunft*
llevar *tragen, bei sich haben, hinbringen, mitnehmen*
llevarse (+ ropa, zapatos, etc.) *kaufen, mitnehmen*
llorar *weinen*

M

la **madre** *die Mutter*
la **madrugada** *die Morgendämmerung*
la **maestra** *die Lehrerin*
el **maestro** *der Lehrer, Meister*
el **maíz** *der Mais*

la **mala suerte** *das Pech*
la **maleta** *der Koffer*
estar **malo, -a** *krank sein*
por la **mañana** *vormittags*
mandar *befehlen*
la **mano** *die Hand*
la **mano de obra excedente** *überzählige Arbeitskräfte*
la **mantequilla** *die Butter*
marcar (mal) *(sich ver-) wählen*
el **marido** *der Eheman*
marrón *braun*
martes *Dienstag*
marzo *März*
más *mehr*
más de *mehr als (wenn eine Zahl folgt)*
más frecuentado *am häufigsten besucht*
más que *mehr als*
algo **más** *noch etwas (etwas mehr)*
nada **más** *nichts mehr*
el **matrimonio** *das Ehepaar*
más tarde *später*
la **máxima figura del arte** *die größte künstlerische Persönlichkeit*
mayo *Mai*
la **mayor felicidad** *viel Glück*
el **mayor** *der Ältere*
la **mayoría (de)** *die Mehrheit (von)*
la **mayoría de las veces** *meistens*
me **duele / duelen ...** *es tut mir ... weh*
Me encanta. *Ich bin begeistert, es gefällt mir außerordentlich gut.*
Me está corto / largo. *Es ist mir zu kurz / lang.*
con **media pensión** *Halbpension*
la **Medicina** *die Medizin*
el **médico, el doctor** *der Arzt*
estar **medio muerto, -a** *halbtot sein*
mejor *besser*
menos *weniger*
Cualquier cosa **menos esto.** *Nur das nicht.*
menos mal que ... *ein Glück noch, daß ...*
¡**Menos mal!** *Zum Glück!*
lo **menos posible** *möglichst wenig*
a **menos que** *es sei denn*
¡Ni mucho **menos!** *aber nein!*
lo **menos** *das wenigste, das mindeste*
echar de **menos** *vermissen*
ya será **menos** *so schlimm wird es wohl nicht sein*
por lo **menos** *mindestens, wenigstens*
Eso es lo de **menos.** *Das ist das allerwenigste.*
el **mercado** *der Markt (-halle)*
la **mermelada** *die Marmelade*
el **mes** *der Monat*
el **mes pasado** *letzten Monat*
el **mes próximo** *nächsten Monat*
cada **mes / todos los meses** *jeden Monat*
poner la **mesa** *den Tisch decken*
en una **mesa** *auf einem Tisch*
los **mesones** *die Weinkeller*
meterse *stecken*
el **metro** *der Meter*
la **mezcla** *die Mischung*
miércoles *Mittwoch*
el **milagro** *das Wunder*
el **minifundismo** *der Kleingrundbesitz*
mirar *(an)schauen*
mire *schauen Sie, auch: hören Sie, wissen Sie*
lo **mismo** *das Gleiche*
la **misma escuela** *die gleiche Schule*
ellos **mismos** *sie selbst*
ponerse de **moda** *Mode werden*
estar de **moda** *„in" sein*
estar pasado de **moda** *aus der Mode sein*
seguir la **moda** *mit der Mode gehen*

ir a la **moda** *mit der Mode gehen*
Es la **moda**. *Das ist Mode.*
los colores de **moda / actualidad** *die Modefarben*
de **momento** *im Moment*
ir a la **montaña** *ins Gebirge fahren*
la **montaña** *der Berg*
morir *sterben*
estar a punto de **morirse** *im Sterben liegen*
morirse (o → ue) *sterben*
el **motivo** *der Grund*
mucho, -a, -os, -as *viel, viele*
muchas gracias *vielen Dank*
muchas veces *sehr oft*
mucho gusto *sehr erfreut*
los **muebles** *die Möbel*
la **muerte** *der Tod*
muerto *tot*
el **muerto** *der Tote*
la **mujer** *die Frau*
multiplicar *vervielfachen*
el **mundo laboral** *die Arbeitswelt*
la **muralla de cemento** *die Betonwüste*
muy bien / mal *sehr gut / schlecht*
muy poblado, -a *dicht besiedelt, stark bevölkert*
Muy Sr. mío : *Sehr geehrter Herr X.*

N

nacer *geboren sein*
nada más *nichts mehr*
nada más llegar *gleich nach der Ankunft*
absolutamente **nada** *absolut nichts*
nadie *niemand*
la **naranja** *die Orange*
la **naranjada** *der Orangensaft*
la **nariz** *die Nase*
Feliz **Navidad y próspero Año Nuevo.** *Frohe Weihnachten und ein gutes Neues Jahr.*
las **Navidades** *Weihnachten*
necesitar *brauchen*
negro, -a *schwarz*
Ni hablar. *Das kommt nicht in Frage.*
¡Ni mucho menos! *aber nein!*
ni siquiera *nicht einmal*
ni una gota *nicht einen Tropfen*
ningún *keiner*
tener un **niño** *ein Kind bekommen / haben*
no hacer nada *nichts tun*
no hay de qué *nichts zu danken*
no ir bien con... *nicht dazu passen*
el **noreste** *der Nordosten*
normalmente *normalerweise*
el **noroeste** *der Nordwesten*
el **norte** *der Norden*
al **norte / al sur (de)** *nördlich / südlich (von)*
la **nota** *die Note*
las **noticias** *die Nachrichten*
noviembre *November*
el **novio, la novia** *der Bräutigam, die Braut (fester Freund, feste Freundin)*
de **nuevo** *wieder, von Neuem*
el **número** *die Zahl*
numeroso, -a *zahlreich*

O

la **obra** *das Werk*
los **ojos** *die Augen*
octubre *Oktober*
el **oeste** *der Westen*
la **oficina** *das Büro*
la **oficina de correos** *das Postamt*
oír *hören*
oiga *wörtlich: Hören Sie!; sinngemäß: Entschuldigen Sie! Hören Sie mal, ... (oft gebrauchter Ruf nach dem Kellner)*

¡Ojo! *Vorsicht!*
con **ojos muy abiertos** *mit großen Augen*
olvidar *vergessen*
estar **orgulloso de** *stolz sein auf / wegen*
ser **orgulloso** *stolz sein (von Charakter)*
el **origen** *der Ursprung*
originar *verursachen*
el **otoño** *der Herbst*
otra, -o *andere(-r)*
otra cerveza *noch ein Bier*
otra vez *noch einmal, schon wieder*
oye *hör mal*

P

el **pabellón** *der Pavillon*
la **paciencia** *die Geduld*
el, la **paciente** *der Patient, die Patientin*
el **padre** *der Vater*
los **padres** *die Eltern*
la **paella** *Reisgericht mit Muscheln*
pagar *bezahlen*
el **país** *das Land*
el **país receptor** *das Gastland*
en el propio **país** *im eigenen Land*
el **paisaje** *die Landschaft*
el **pájaro** *der Vogel*
la **(palabra) que más empleaban** *das am häufigsten benutzte (Wort)*
pálido *blaß*
el **pan** *das Brot*
el **panecillo** *das Brötchen*
los **pantalones** *die Hose*
el **papel higiénico** *das Toilettenpapier*
el **paquete** *das Paket, die Schachtel (Zigaretten)*
el **papel** *das Papier*
para *für, nach, zum*
para ellos *für sie*
para ir de vacaciones *um in Urlaub zu fahren*
para poder ir de vacaciones *um in Urlaub fahren zu können*
la **parada** *die Haltestelle (Bus, Straßenbahn)*
parar *halten*
parecer *aussehen als ob, scheinen, meinen, finden, recht sein*
¿Te parece bien? *Ist es dir recht?*
Me parece bien. *Es ist mir recht.*
(Me) parece que ... *Es scheint (mir), daß ...*
Me ha **parecido que ...** *Es schien mir, daß ...*
Parece ser que ... *Es sieht so aus, als ob ...*
¿Qué te parece? *Was meinst du dazu?*
al **parecer** *anscheinend*
pareces tonto *(hier:) Bist du dumm?*
¿De parte de quién? *Mit wem spreche ich?*
¿Qué pasa? *Was ist los?*
...pasaba de padres a hijos *...ging von dem Vater auf den Sohn über*
el **pasajero** *der Passagier*
pasar *verbringen, geschehen, vorbeikommen, verstreichen, vergehen*
pasar las vacaciones *Urlaub verbringen*
pasár(se)lo bien *es sich gut gehen lassen*
Felices **Pascuas.** *Schöne Weihnachten.*
el **pasillo** *der Gang*
la **pastilla, el comprimido** *die Tablette*
el **pecho** *die Brust*
pedir *bestellen, bitten*
la **película** *der Film*

poner una película *einen Film vorführen, zeigen*
peligroso *gefährlich*
el **pelo** *das Haar*
la **peluquería** *der Friseursalon*
la **península** *die Halbinsel*
la **penitencia** *die Buße*
pensar (en) *denken (an), vorhaben*
con **pensión completa** *Vollpension*
con media **pensión** *Halbpension*
los **pensionistas** *die Rentner*
el **penúltimo** *der Vorletzte*
pequeño, -a *klein*
perder el tren *den Zug verpassen*
perdón *Entschuldigung*
perdonar / disculpar *entschuldigen*
Perdona por la molestia. *Entschuldigung für die Störung.*
la **peregrinación** *die Wallfahrt*
el **peregrino** *der Pilger*
el **periódico** *die Zeitung*
permanecer *(weiterhin) bleiben*
la **permanencia** *der Aufenthalt*
la **permanente** *die Dauerwelle*
pero *aber*
el **perro** *der Hund*
la **persona** *die Person*
pertenecer (a) *gehören*
pesarse *sich wiegen*
la **pesca** *der Fischfang*
las **pesetas (ptas.)** *die Peseten*
el **peso** *das Gewicht*
picar *jucken*
el **pie** *der Fuß*
la **piel / el cuero** *das Leder*
la **pierna** *das Bein*
pintar *malen*
el **pintor** *der Maler*
mi **pintor preferido** *mein Lieblingsmaler*
pintoresco *malerisch*
la **pintura** *die Malerei*
la **piscina** *das Schwimmbad*
el **piso** *das Stockwerk*
la **pistola** *die Pistole*
la **pluma** *die Feder*
la **población** *die Bevölkerung*
la **población activa** *die arbeitende Bevölkerung*
muy **poblado, -a** *dicht besiedelt, stark bevölkert*
un **poco** *ein wenig*
poder *können*
No sé si voy a **poder ir.** *Ich weiß nicht, ob ich fahren kann.*
la **polémica** *die Auseinandersetzung*
poner la mesa *den Tisch decken*
poner una película *einen Film vorführen, zeigen*
¿Qué película ponen? *Welcher Film läuft?*
¿Se puede poner...? *(hier:) Kann ich .... sprechen?*
ponerse + Kleidungsstück *etwas anziehen*
ponerse a (trabajar, leer...) *anfangen, etwas zu tun*
ponerse de acuerdo *übereinkommen*
ponerse de moda *Mode werden*
ponerse enfermo *krank werden*
ponerse nervioso *nervös werden*
por + Infinitiv = porque *weil*
por desgracia / desgraciadamente *leider*
por estar situada *weil sie .. gelegen ist*
por favor *bitte schön*
por la mañana *vormittags*
por la mañana temprano *am frühen Morgen*
por la tarde *nachmittags*

Español Actual – Lehrbuch 1 © FELDHAUS VERLAG, Hamburg

por las tardes *nachmittags (jeden Nachmittag)*
por lo menos *mindestens, wenigstens*
por mi trabajo *wegen meiner Arbeit*
por mí *meinetwegen*
por qué *warum*
por separado *getrennt*
por suerte *zum Glück*
por supuesto *selbstverständlich, sehr gerne*
porcentaje muy inferior al *ein viel geringerer Anteil als*
porque *weil*
el **portaequipajes** *das Gepäcknetz*
el **portal** *die Haustüre*
el **portero automático** *der automatische Türöffner*
poseer *besitzen*
la **postal** *die Postkarte*
la **potencia turística** *(Land mit den meisten Touristen)*
practicar el turismo *betreiben*
practicar/hacer deporte *Sport treiben*
preferentemente *vorwiegend, hauptsächlich*
preferir *vorziehen*
preguntar *fragen*
No te **preocupes.** *Mach dir keine Sorgen.*
preparar *vorbereiten*
presentar *vorstellen*
la **primavera** *der Frühling*
la **primera/última vez** *das erste/letzte Mal*
primero *zuerst, erste*
el **primo** *der Vetter, Cousin*
el **principal factor de financiación** *die Hauptfinanzierungsquelle*
probar (o → ue) *probieren*
probarse *anprobieren*
el **problema** *das Problem*
el **problema de paro** *das Arbeitslosenproblem*
los **problemas amorosos** *der Liebeskummer*
procedente de *stammend aus*
producirse *geschehen*
el **profesor** *der Lehrer*
hacer **progresos** *Fortschritte machen*
estar **prohibido** *verboten sein*
prohibir *verbieten*
pronto *bald*
el **propietario** *der Besitzer, Eigentümer*
la **propina** *das Trinkgeld*
proporcionar *ver-, beschaffen*
pruébala (la comida) *probiere es! (das Essen)*
el **pueblo** *das Dorf*
me **puede poner** *(hier): ich hätte gerne*
¿**Puedo ayudarle?** *Darf ich Ihnen helfen?*
Ya no **puedo más.** *Ich kann nicht mehr.*
¿En qué **puedo servirle/servirla?** *Womit kann ich Ihnen dienen?*
la **puerta** *die Tür*
la **puerta de embarque** *der Ausgang („Gate")*
pues *na ja*
el **puesto (de trabajo)** *die (Arbeits-)Stelle*
los **puntos cardinales** *die Himmelsrichtungen*

Q

qué *was, was für ein, welche*
¡**Qué aburrido!** *Wie langweilig!*
¡**Que aproveche!** *Guten Appetit!*
¡**Qué barbaridad!** *Wie schrecklich!*

¡**Qué bien!** *Toll/prima!*
¿**Qué culpa tengo yo?** *Ist es etwa meine Schuld?*
¿**Qué ha pasado?** *Was ist geschehen?*
¡**Qué horror!** *Wie schrecklich!*
¡**Qué mala suerte!** *Was für ein Pech!*
¿**Qué pasa?** *Was ist los?*
¿**Qué película ponen?** *Welcher Film läuft?*
¡**Qué sorpresa!** *Was für eine Überraschung!*
¡**Qué suerte!** *Was für ein Glück!*
¿**Qué tal?** *Wie (geht's)?*
¿**Qué talla tiene/necesita/usa?** *Welche Größe haben/brauchen/benutzen Sie?*
quedar *(hier:) sich verabreden*
quedar bien/mal *gut/schlecht stehen (s. Gramm.)*
quedar en manos de *(ver-)bleiben bei*
quedarse con (+ ropa, zapatos) *kaufen, mitnehmen (s. Gramm.)*
quedarse *bleiben*
querer *wollen, lieben (nur für Personen)*
Querido, -a *Lieber, Liebe*
la **Química** *die Chemie*
quisiera *ich hätte gerne, ich möchte*
quitarse + Kleidungsstück *etwas ausziehen*
quizá(s) *vielleicht*

R

rápidamente *schnell*
el **rascacielos** *der Wolkenkratzer*
rascar *kratzen*
el **Rastro** *Flohmarkt in Madrid*
un **rato** *eine Weile*
recibir *bekommen, erhalten*
recomendar (e → ie) *empfehlen*
recordar (o → ue) *jdm. an etwas erinnern*
recordar *(sich) daran erinnern*
el **recuerdo** *die Erinnerung, das Andenken*
el **refrán** *das Sprichwort*
regresar *zurückkehren*
el **reloj** *die Uhr*
representar *darstellen*
la **reserva de asiento** *die Platzreservierung*
reservar *reservieren*
respecto a *in bezug auf*
responder, contestar *antworten*
la **respuesta** *die Antwort*
el **restaurante** *das Restaurant*
el **retrato** *das Portrait*
el **revisor** *der Schaffner*
la **revista** *die Zeitschrift*
el **rey** *der König*
la **ría** *die Meeresbucht*
los **rincones pintorescos** *malerische Ecken, Plätze*
robar *stehlen*
la **rodilla** *das Knie*
rojo, -a *rot*
la **ropa** *die Kleidung, die Wäsche*
la **ropa de verano** *die Sommerkleidung*
la **ropa interior** *die Unterwäsche*
rosa *rosa*

S

el **sábado** *der Samstag, am Samstag*
los **sábados** *samstags*
saber *wissen, können*
sacar *herausnehmen, herausziehen, herausstrecken*
sacar un billete *eine Fahrkarte lösen*
el **sacerdote, el cura, el padre** *der Priester*

la **sala (de exposiciones)** *der (Ausstellungs)raum*
salir (de) *rausgehen, (von) abfahren*
¡**Salud!** *Prost!*
¡A tu **salud!** *Auf dein Wohl!*
Le **saluda atentamente** *Mit freundlichen Grüßen*
Saludos (muy cordiales) *(Herzliche) Grüße*
las **sandalias** *die Sandalen*
satisfacer *zufriedenstellen, befriedigen*
sé bueno *sei lieb, sei so gut*
¿**Se me verá …?** *Wird man bei mir ... sehen?*
¿**Se puede poner …?** *(Am Telefon) Kann ich ... sprechen?*
la **secretaria** *die Sekretärin*
la **seda** *die Seide*
en **seguida** *sofort*
todo **seguido** *gerade aus*
seguir *folgen*
seguir + Gerundio *weitermachen*
seguir la moda *mit der Mode gehen*
poca **seguridad laboral** *wenig Sicherheit bei der Arbeit*
seguro *sicher (hier: genau)*
el **sello** *die Briefmarke*
el **semáforo, el disco** *die Ampel*
la **semana** *die Woche*
la **semana pasada** *letzte Woche*
la **semana próxima** *nächste Woche*
cada **semana/todas las semanas** *jede Woche*
la **semiparalización** *teilweise Stillegung*
sentar bien/mal *gut/schlecht sitzen*
sentarse *sich setzen*
por **separado** *getrennt*
septiembre *September*
ser orgulloso *stolz sein (von Charakter)*
ser/estar casado, -a *verheiratet sein*
ser/estar divorciado, -a *geschieden sein*
ser/estar soltero, -a *ledig sein*
ser/estar viudo, -a *verwitwet sein*
sereno *heiter (Wetter), ruhig (Personen, Meer)*
el **sereno, el vigilante nocturno** *der Nachtwächter*
¿**Sería posible?** *Würde es möglich sein?*
en **serio/en broma** *im Ernst/im Spaß*
los **servicios** *die Toiletten*
la **servilleta** *die Serviette*
servir *servieren, dienen*
¿En qué puedo **servirla/servirle?** *Womit kann ich Ihnen dienen?*
si *wenn, falls, ob*
casi **siempre/nunca** *fast immer/nie*
lo **siento (mucho)** *es tut mir (sehr) leid*
Siga insistiendo. *Versuchen Sie es weiter.*
el **siglo** *das Jahrhundert*
sin descanso *ohne Pause, ununterbrochen*
sin lugar a dudas *ohne Zweifel*
el **sitio/lugar** *der Ort*
la **situación geográfica** *die geographische Lage*
estar **situada, -o** *liegen*
por estar **situada** *weil sie .. gelegen ist*
sobre todo *vor allem*
sólo *nur*
ser/estar **soltero, -a** *ledig sein*
el **sombrero** *der Hut*
sombrío *düster*
el **somnífero** *das Schlafmittel*
sonar *läuten*
sorprendido *erstaunt, befremdet, überrascht*
estar **sorprendido, -a** *erstaunt, überrascht sein*
la **sorpresa** *die Überraschung*

¡Qué **sorpresa**! *Was für eine Überra-schung!*
subir(se) al tren *in den Zug einsteigen*
sucio *schmutzig*
sueco, sueca *Schwede, Schwedin, schwedisch*
el **sueldo fijo** *das feste Gehalt*
¡Qué **suerte**! *Was für ein Glück!*
¡Qué mala **suerte**! *Was für ein Pech!*
tener la **suerte** *das Glück haben*
por **suerte** *zum Glück*
sufrir *(er-)leiden*
la **superpoblación** *die Überbevölkerung*
por **supuesto** *selbstverständlich, sehr gerne*
el **sur** *der Süden*
el **sureste** *der Südosten*
el **suroeste** *der Südwesten*

T

el **tablao flamenco** *kleine Flamencobühne*
tal vez *vielleicht*
la **talla** *die Größe*
¿Qué **talla** tiene / necesita / usa? *Welche Größe haben / brauchen / benutzen Sie?*
el **taller mecánico** *die Werkstatt*
también *auch*
tampoco *auch nicht*
tan *so*
tan tarde *so spät*
tapar *be-, ver-, zudecken*
las **tapas** *kleine Portionen verschiede-ner Speisen*
tarde *spät*
por la **tarde** *nachmittags*
por las **tardes** *nachmittags, jeden Nachmittag*
la **tasca** *die Kneipe*
la **taza** *die Tasse*
los **tejidos** *die Stoffarten*
los **temas populares** *die volkstümli-chen Themen*
la **temperatura media** *die durch-schnittliche Temperatur*
temprano *früh*
¡**Ten / tenga cuidado**! *Pass / Passen Sie auf!*
tener *haben*
tener dolor de cabeza *Kopfschmerzen haben*
tener dolor de estómago *Magen-schmerzen haben*
tener dolor de muelas *Zahnschmer-zen haben*
tener en cuenta *in Betracht ziehen, berücksichtigen*
tener la suerte *das Glück haben*
tener mala cara *schlecht aussehen*
tener mala suerte *Pech haben*
tener que *müssen*
tener un accidente *einen Unfall haben*
tener un niño *ein Kind bekommen*
tenga *hier haben Sie (Imperativ v. tener)*
Tengo mucho que hacer. *Ich habe viel zu tun.*
Tengo que hacer muchas cosas. / Tengo muchas cosas que hacer. *Ich habe viele Dinge zu erledigen.*
terminar (de) *beenden, aufhören*
el **terremoto** *das Erdbeben*
terrible *fürchterlich*
la **tía** *die Tante*
el **tiempo** *die Zeit*
el **tiempo libre** *die Freizeit*
en aquel **tiempo** *damals*
con el **tiempo** *im Laufe der Zeit*
al mismo **tiempo** *gleichzeitig*
A mal **tiempo, buena cara** *Gute Miene zum bösem Spiel*

la **tienda** *der Laden, das Geschäft*
¿**Tienes algún plan**? *Hast du etwas vor? (wörtlich: Hast du irgend einen Plan?)*
la **tierra de regadío** *bewässertes Land*
tocar la guitarra *Gitarre spielen*
tocar la lotería *im Lotto gewinnen*
todavía *noch, immer noch*
todo derecho *gerade aus*
en **todo detalle** *in jeder Hinsicht*
todo el día *den ganzen Tag*
todo junto *alles zusammen*
todo seguido *gerade aus*
todos los días *alle Tage, jeden Tag*
tomar *nehmen, trinken (bei Kaffee u. Tee immer tomar)*
¡**Toma**! *Nimm!*
tomar asiento *Platz nehmen*
¡**Tome**! *Nehmen Sie!*
la **tortuga** *die Schildkröte*
trabajar *arbeiten*
por mi **trabajo** *wegen meiner Arbeit*
traer *bringen*
el **tráfico** *der Autoverkehr*
tráigame *bringen Sie mir*
el **traje** *der Anzug*
tranquila *ruhig*
la **tranquilidad nocturna** *die nächtli-che Ruhe*
con **tranquilidad** *mit Ruhe*
hacer **transbordo** *umsteigen*
tratarse de *sich handeln um*
hacer **travesuras** *unartig sein*
¡Vaya **tren de vida que lleva**! *Er lebt auf großem Fuß.*
El tren ha llegado con retraso. *Der Zug ist mit Verspätung angekommen.*
El tren ha llegado puntualmente. *Der Zug ist pünktlich angekommen.*
El tren lleva 1 h de retraso. *Der Zug hat eine Stunde Verspätung.*
Vas a perder el **tren.** *Du wirst deinen Zug verpassen.*
el **trigo** *der Weizen*
triunfante *triumphierend*
el **turismo** *der Tourismus*
los **turistas de paso** *durchreisende Touristen*

U

el **último** *der Letzte*
la **última moda**, la **última novedad** *die neueste Mode*
últimamente *in der letzten Zeit*
el **último grito** *der letzte Schrei*
el **último / pasado año** *letztes Jahr*
Un día es un día. *Ein Mal ist kein Mal.*
un día muy frío de invierno *eines sehr kalten Wintertages*
un poco antes *etwas früher*
una tras otra *eins nach dem anderen*
una vez *einmal*
unas cuantas cositas *ein paar Kleinig-keiten*
la **Universidad** *die Universität*
unos días *ein paar Tage*
usar *benützen*
el **uso** *die Anwendung*

V

pasar las **vacaciones** *Urlaub verbringen*
para ir de **vacaciones** *um in Urlaub zu fahren*
para poder ir de **vacaciones** *um in Ur-laub fahren zu können*
el **vagón de literas** *der Liegewagen*
vale *einverstanden*
(No) **vale / merece la pena.** *Es lohnt sich (nicht).*

¡(**Vamos**) **anda**! *Ach, komm!*
¿**Vamos bien / mal por aquí**? *Sind wir hier richtig / falsch?*
¡**Vamos**! / ¡**Vámonos**! *Los, gehen wir!*
los **vaqueros** *die Jeans*
vaya *gehen Sie (Imperativ)*
¡**Vaya, hombre**! *Na so was! / Men-schenskinder!*
dos **veces** *zweimal*
muchas **veces** *sehr oft*
la mayoría de las **veces** *meistens*
a **veces** *manchmal*
muchas **veces** *sehr oft*
el **vendedor** *der Verkäufer*
vender *verkaufen*
¡**Venga**! *Komm!, los!*
¡**Venga, vamos**! *Komm, laßt uns gehen!*
venir *kommen*
la **ventanilla** *der Schalter*
al **ver** *als er sah*
ver *sehen*
el **verano** *der Sommer*
De **veras / de verdad.** *Im Ernst / wirk-lich / es ist wahr.*
la **verdad es que** *(hier): in der Tat*
¿**verdad**? *nicht wahr?*
verde *grün*
el **vestido (de noche)** *das (Abend)kleid*
vestirse *sich anziehen*
¡**Vete / Vaya Ud. a saber**! *Wer weiß!*
en **vez de + sustantivo** *(an)statt*
en **vez de + verbo** *(an)statt zu ...*
de **vez en cuando** *ab und zu*
una **vez** *einmal*
a la **vez** *gleichzeitig, zugleich*
tal **vez** *vielleicht*
cada **vez** *jedes Mal*
otra **vez** *noch einmal, schon wieder*
la **vía** *das Bahngleis*
el **viaje de negocios** *die Geschäftsreise*
el **viaje de novios** *die Hochzeitsreise*
la **víctima** *das Opfer*
la **vida** *das Leben*
viernes *Freitag*
vigilar *bewachen, wachen*
el **vino blanco** *der Weißwein*
el **vino tinto** *der Rotwein*
violeta *lila*
¡**vístete**! *ziehe dich an!*
ser / estar **viudo, -a** *verwitwet sein*
la **vivienda, el piso** *die Wohnung*
vivir *leben, wohnen*
¡**Vivir para ver**! (Redewendung) *Was es nicht alles gibt!*
volver *zurückkommen*
volver a + infinitivo *wieder etwas tun*
volver a abrirse *sich wieder öffnen*
volver a echar *wieder einwerfen*
volver a gozar *wieder genießen*
volverse loco *verrückt werden*
volverse *sich umdrehen, sich wenden an*
el **vuelo** *der Flug*
la **vuelta** *das Rückgeld*

Y

ya *schon*
Ya es hora. *Es ist schon Zeit.*
Ya está bien. *Es reicht (es ist schon gut).*
Ya no puedo más. *Ich kann nicht mehr.*
ya que *da, weil*
Ya será menos. *So schlimm wird es wohl nicht sein.*
yo que usted *ich an Ihrer Stelle*

Z

los **zapatos** *die Schuhe*

Die Iberische Halbinsel
und die spanischen Inseln

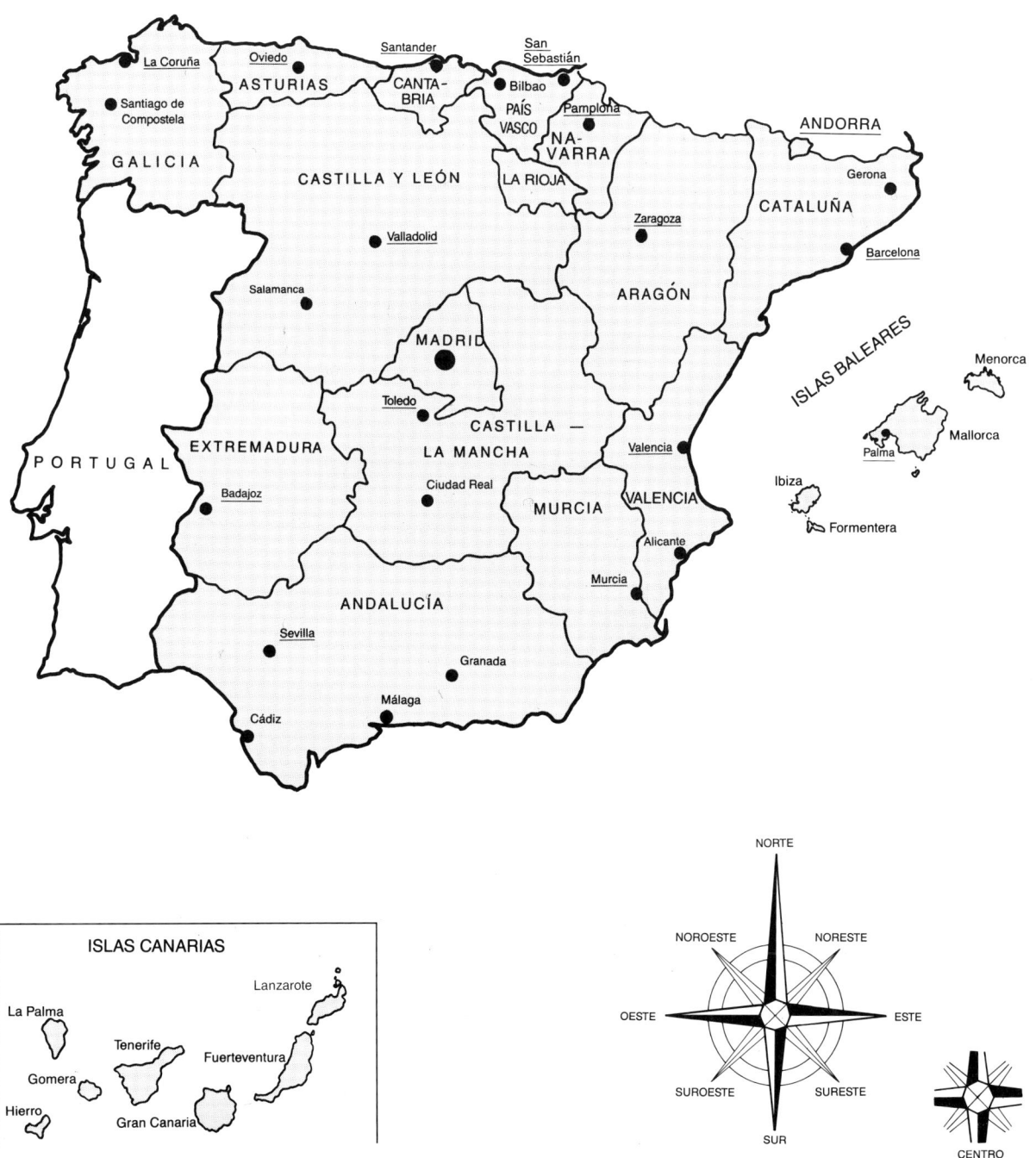

La Coruña
Oviedo
Santander
San Sebastián
ASTURIAS
CANTA-BRIA
Bilbao
PAÍS VASCO
Santiago de Compostela
Pamplona
ANDORRA
NA-VARRA
GALICIA
CASTILLA Y LEÓN
LA RIOJA
Gerona
CATALUÑA
Zaragoza
Valladolid
ARAGÓN
Barcelona
Salamanca
MADRID
ISLAS BALEARES
Menorca
Toledo
CASTILLA — LA MANCHA
Valencia
Mallorca
Palma
PORTUGAL
EXTREMADURA
Ibiza
Badajoz
Ciudad Real
MURCIA
VALENCIA
Formentera
Alicante
Murcia
ANDALUCÍA
Sevilla
Granada
Málaga
Cádiz

ISLAS CANARIAS

Lanzarote
La Palma
Tenerife
Fuerteventura
Gomera
Hierro
Gran Canaria

NORTE
NOROESTE   NORESTE
OESTE   ESTE
SUROESTE   SURESTE
SUR

CENTRO

Lateinamerika

MÉXICO

México

CUBA   La Habana

BELIZE   HAITÍ   REP. DOMINICANA
Belmopan   JAMAICA   PUERTO RICO
HONDURAS
GUATEMALA   Tegucigalpa
Guatemala
San Salvador   NICARAGUA
EL SALVADOR   Managua

San José   Caracas   TRINIDAD + TOBAGO
COSTA RICA   Panamá   VENEZUELA   GUAYANA
Georgetown
PANAMÁ   Bogotá   SURINAME   Paramaribo
COLOMBIA   GUAYANA FRAN.
Cayenne
ECUADOR
Quito

PERÚ   BRASIL

Lima

La Paz   Brasilia
BOLIVIA
CHILE   PARA-
GUAY
Asunción

ARGENTINA

Santiago de Chile
Buenos Aires   URUGUAY
Montevideo

Viedma

Staaten, in denen
Spanisch gesprochen wird.

Español Actual – Lehrbuch 1 © FELDHAUS VERLAG, Hamburg